Lk 12/91

LA
QUESTION MONÉTAIRE

ET LA

QUESTION COMMERCIALE

A LA GUADELOUPE

LA
QUESTION MONÉTAIRE

ET LA

QUESTION COMMERCIALE

A LA GUADELOUPE

Par M. le Comte A. DE CHAZELLES

<hr>

PARIS

IMPRIMERIE DE DUBUISSON ET Ce

5, rue Coq-Héron, 5

—

1860

1

LA QUESTION MONÉTAIRE

—

Le fait le plus saillant qui apparaît tout d'abord, dont les esprits se préoccupent surtout, est la rareté, ou plutôt l'absence des valeurs métalliques. Le fait est certain et les cotes officielles le constatent ; mais si le manque de numéraire n'est ni contestable, ni contesté, il n'en est pas ainsi des causes qui lui sont attribuées. Il y a grande contestation, au contraire, grands débats dans la polémique que soulève le cours anormal du change, et complet désaccord quant à savoir s'il en faut porter la responsabilité sur le décret du 23 avril 1855 ou l'avénement du papier de circulation.

LE DÉCRET DU 23 AVRIL 1855

I

Le numéraire ne fut jamais abondant à la Guadeloupe. Le commerce métropolitain, procédant par échange plutôt que par achat, s'est toujours mieux arrangé *d'avances* en marchandises offrant de 15 à 20 0/0 de bénéfice, qu'en numéraire national ou étranger, l'un lui donnant tout d'abord une perte de 2 1/2 0/0 au moins, l'autre ne lui laissant qu'un profit de 3 0/0 au plus (1). Le léger avantage du doublon *surhaussé* en décidait cependant la venue, mais dans la mesure des nécessités du commerce avec l'étranger. Quant au numéraire national, l'importation s'en réduisait aux seuls envois du ministère. Il était réexporté tout aussitôt, soit que la traite manquât ou qu'il lui fût préféré, soit que les communications avec la France en réclamassent la sortie.

L'intercourse métropolitaine apportait quelques doublons à l'arrivée, à cause du profit qu'elle y trouvait ; mais à cause de la perte que le doublon eût fait éprouver, navires et passagers ne demandaient, ne voulaient, au départ, que la pièce de 5 francs, et elle disparaissait aussitôt qu'apparue.

Les États-Unis et Porto-Rico enlevaient les doublons en payement de leurs cargaisons d'entrée. Les autres contrées d'Amérique, avec lesquelles les rapports étaient peu fréquents et de peu d'étendue, faisaient *les retours*, non en numéraire, mais en marchandises françaises, dont la surhausse du doublon facilitait la réexportation ; elles envoyaient des doublons à la Guadeloupe ; elles n'y achetaient pas des pièces de 5 francs, par la très bonne raison qu'elles n'y eussent rien gagné (2).

---

(1) La longueur des traversées par bâtiments à voiles, l'irrégularité du départ et l'incertitude de l'arrivée, portaient l'intérêt à 1 0/0, soit deux mois pour le temps du transport. Le décompte l'établissait ainsi qu'il suit :

Monnaie nationale.

1 0/0 d'intérêt.
0 3/4 pour asurances.
0 3/4 de fret.

Perte 2 1/2 0/0.

Monnaie étrangère.

Doublon *indépendance*,	prix d'achat	82 00
— —	intérêt, à 1 0/0	0 82
— —	fret et assurances, 1 1/2	1 23
		84 05
— —	prix de revient	84 05
— —	bénéfice, moins de 3 0/0	2 35
	Taux légal	**86 40**

(2) En Amérique, le rapport de l'or à l'argent est de 1 à 16, non de 1 à 15 1/2, comme en Europe. Les variations du poids et du titre, dans la piastre comme dans le doublon, en réduisent la valeur *intrinsèque*, sans en affecter la valeur *commerciale* d'une manière ni régulière ni déterminée. Le doublon a cours en

II

En 1826, la monnaie nationale était rare. L'agent, à peu près unique de la circulation, était la monnaie étrangère. La rareté du numéraire national — crut-on alors — tenait à la plus-value du doublon américain : Une ordonnance royale, du 30 août, dans le but d'appeler et de conserver la monnaie nationale, fit cesser la puissance libérative que le cours légal donnait aux monnaies étrangères. La colonie semblait en grande voie de prospérité. Le change avec la métropole n'offrait aucun embarras, ne laissait pressentir ni difficulté, ni préjudice. Les cargaisons américaines avaient leurs retours en mélasse. Le mouvement des transactions extérieures s'opérait dans de telles conditions, en 1826, qu'il n'exigeait qu'un faible appoint en numéraire ou en traites ; et même, s'il fallait admettre la réalité des balances commerciales ressortant des états de douane, la colonie aurait eu, dans la métropole, un *capital,* à titre de *provisions* (1), écartant toute éventualité de l'exagération du change, et laissant toute possibilité de limiter ou d'atténuer les effets de toute pénurie d'argent.

III

L'ordonnance royale du 30 août arrêta, l'entrée de la seule monnaie qui alimentait alors le mouvement des affaires. La plus-value du doublon, maintenue conventionnellement par le commerce, ne tarda pas à excéder celle que la législation y avait attachée, et cependant l'importation n'en reçut aucune impulsion, parce que la spéculation n'offrait plus la certitude de bénéfice que donnaient la plus-value légale et la puissance libérative que l'ordonnance avait retirées. L'entrée se trouvait arrêtée ; la sortie était libre : le numéraire manqua.

Il fut bientôt constaté que le retrait de la plus-value légale du doublon et de ses divisions, avait été de nul effet quant au numéraire national, tout aussi rare après qu'avant la promulgation de l'ordonnance du 30 août. Le but n'en avait pas été atteint : l'expulsion de la monnaie étran-

---

Amérique, et se prend à un taux supérieur à sa valeur *réelle.* La valeur *conventionnelle* qu'il acquiert dans le mouvement commercial, si elle n'était pas partout égale, du moins ne s'éloignait-elle guère de celle que lui donnait la législation coloniale. La différence, s'il y en avait, ne laissait nulle part assez de marge pour couvrir l'intérêt, les frais, les risques, les commissions, et permettre la réalisation d'un bénéfice susceptible d'appeler la spéculation.

(1) Ces provisions se trouvèrent, en effet, pour sauvegarder le commerce de tout embarras sérieux, mais non dans les conditions ressortant des états de douane. Elles seront ultérieurement expliquées.

gère n'avait pas eu pour résultat, ainsi qu'on se l'était promis, d'accélérer le mouvement de la monnaie nationale à l'entrée, d'en augmenter l'importation, et le peu que possédait la colonie de numéraire étranger s'écoula promptement pour les besoins de l'intercourse, en appoint au commerce des États-Unis, en payement des bœufs et des bois tirés de Porto-Rico.

Il est à remarquer qu'en 1826 aucune nécessité n'obligeait à la réexportation des valeurs métalliques : le mouvement du commerce avec la métropole se couvrant, en apparence du moins, avec les produits du sol, le change se maintenait au pair. Cependant les espèces métalliques manquèrent après l'ordonnance de 1826, de même qu'elles manquent depuis le décret de 1855.

A la première de ces deux époques, le numéraire n'était pas demandé, recherché comme moyen de *remise;* l'emploi presque exclusif en était intérieur et s'appliquait à l'escompte des effets de commerce. Le manque d'argent eut donc pour conséquence, non d'y attacher une *prime,* mais d'en augmenter le loyer. La rareté, la difficulté *du crédit,* la disproportion, le défaut d'équilibre entre les besoins de l'escompte et les moyens d'y satisfaire, élevèrent rapidement le taux de l'intérêt (1). Le prix des marchandises s'en ressentit, car tout se pondère dans l'ordre commercial, et le consommateur, en 1826, eut à souffrir indirectement de l'élévation anormale du taux de l'intérêt, de même que le consommateur souffre, en 1855, de l'élévation anormale du cours du change.

IV

En 1826, la monnaie métallique servait seule aux transactions commerciales, aux affaires journalières et de détail. Le manque de numéraire en entrava le mouvement : il y eut crise. Toutefois, les embarras commerciaux furent de peu de gravité : le numéraire, unique agent du mouvement intérieur, manquait, mais la denrée, principal agent du mouvement extérieur, y suffisait, ou du moins n'exigeait qu'un faible appoint pour les importations de la provenance des États-Unis et de Porto-Rico. La crise de 1826 fut intérieure et exclusivement monétaire; elle ne s'étendit pas aux transactions extérieures : le commerce local, grâce *aux provisions* métropolitaines (2), n'en éprouva ni gêne anormale, ni embarras sérieux.

---

(1) Ce fut le bon temps de l'escompte : il se maintenait d'ordinaire de 1 1/4 à 1 1/2, atteignait facilement et dépassait quelquefois 2 0/0, et même 2 1/2 *par mois.*

(2) L'origine s'en trouve ultérieurement indiquée,

Il n'y avait aucune possibilité de se méprendre sur les causes de la crise monétaire qui apparut après la promulgation de l'ordonnance du 30 août. La prime ne pouvait en être accusée ; le change restait au pair ou s'élevait peu. La circulation du papier à cours légal ou forcé ne pouvait en être responsable ; la Banque n'était pas née et le bon du Trésor n'était pas encore trouvé. L'ordonnance du 30 août fut rapportée, et tout aussitôt la crise cessa : *sublatâ causâ tollitur effectus* (1)

V

En 1855, il parut urgent, comme en 1826, d'arrêter la fuite de la monnaie nationale que chassait la plus-value de la monnaie étrangère ; et en 1855, plus qu'en 1826, c'était la dépréciation de l'or qui menaçait d'atteindre spécialement le doublon, dépréciation contre laquelle la prudence commandait de se prémunir, autant dans l'intérêt du Trésor qu'en vue du capital circulant.

VI

Il est certain que la monnaie *nationale* sortait, et que la sortie en était plus active, plus vivement sollicitée, en 1855 qu'en 1826, par la *prime* qui apparaissait et s'élevait déjà bien au-dessus du pair (2).

Il est certain aussi que le doublon était préféré, était seul admis à l'exportation de provenance métropolitaine ; il donnait un bénéfice d'environ 3 0/0, tandis que la pièce de 20 francs, celle de 5 francs, offraient une perte de 2 0/0 (3), et que la petite monnaie, — le franc et ses subdivisions, — avec la même perte, causait de l'embarras pour être cherchée, comptée, emballée et transportée. Il n'est pas douteux non plus que le doublon ne fût seul importé des provenances étrangères, car le doublon étant la monnaie des contrées d'Amérique en rapport commercial avec la Guadeloupe, il leur était plus facile et plus avantageux d'expédier le numéraire qu'elles possédaient, que d'avoir à chercher, à acheter de la monnaie française, pour se constituer ainsi, et tout d'abord, en perte de *la prime* qu'il aurait fallu payer. Le numéraire étranger était donc le seul qui fût dans la circulation intérieure en 1855 comme en 1826.

---

(1) La crise monétaire de 1826 ne fut pas de longue durée, et dès lors ne présenta aucun caractère d'extrême gravité. L'ordonnance du 30 août 1826 fut abrogée par celle du 26 août 1827.

(2) La preuve en est ultérieurement donnée.

(3) La régularité des départs et de la certitude de l'arrivée, depuis la substitution de la vapeur à la voile et l'établissement d'une communication postale bi-mensuelle, ont réduit le taux de l'intérêt de 1 à 1/2 0/0.

La monnaie française — la pièce de 20 francs, celle de 5 franes, et surtout les subdivisions de celle-ci — se plaçait, il est vrai, et se place encore, au dehors, à un taux plus élevé que n'en est le taux légal. A côté de la valeur intrinsèque du métal est toujours la valeur conventionnelle que le commerce attribue aux monnaies étrangères, et c'est par rapport à cette valeur conventionnelle que la valeur intrinsèque de la pièce de 20 ou de 5 francs se trouve surhaussée sur la plupart des marchés d'Amérique. Si le profit — com ensé par le fret, les risques, l'intérêt et les commissions — appelait l'échange du numéraire *national* contre le numéraire *étranger*, la pièce de 20 francs sortait et le doublon entrait; le mouvement de la circulation monétaire n'en était nullement entravé.

VII

De quelle importance eût été, d'ailleurs, le préjudice de cet échange du numéraire national exporté, contre le numéraire étranger importé? Les cargaisons des États-Unis et de Porto-Rico se payaient en doublons. Dans l'hypothèse que le payement fût onéreux, que le doublon eût, en effet, aux États-Unis et à Porto-Rico, une moindre valeur qu'à la Guadeloupe, les prix de vente s'augmentaient de la différence du change. Il n'avait pas été constaté que les marchandises de provenance métropolitaine fussent plus ou moins chères, selon qu'elles étaient payées en gourdes percées ou en pièces de cinq francs. S'il eût dû en être ainsi pour l'honneur du principe d'équilibre ou de pondération commerciale, la plus-value du doublon aurait eu pour conséquence un renchérissement relatif de tous les objets de consommation, atténué par les nécessités de la concurrence, se répartissant parfois entre l'expéditeur, son intermédiaire, le détaillant et le consommateur. Le préjudice, ainsi affaibli, n'était pas sans compensation : d'une part, la surhausse du doublon élevait le prix de la production; d'autre part, la présence du doublon, dont la plus-value favorisait l'entrée, faisait obstacle à l'exagération du change. Il y avait à prévoir que la disparition du numéraire étranger, après celle de la monnaie nationale, laissant la traite sans concurrence et sans contre-poids en l'absence de la denrée, la prime ne pouvait plus avoir de limite que celle des besoins.

VIII

L'encaisse du Trésor se formait, en 1855 comme en 1859, du recouvrement des contributions, du payement des droits d'octroi et de sortie, du placement des traites du Trésor central, des envois métalliques du ministère, ceux-ci en numéraire national. Les autres rentrées — contributions, droits de douane et traites du gouvernement — se faisaient en bons du Trésor ayant cours forcé, et billets de la Banque ayant cours légal. Quand le papier s'accumulait et que le numéraire manquait, le Trésor se présentait au remboursement et demandait à la Banque, en échange de ses billets, du numéraire étranger ou national. L'argent ou l'or qui entrait par le remboursement des billets, sortait immédiatement pour l'acquit des obligations qui en avaient motivé la demande. S'il y avait eu, à la Guadeloupe, une caisse de réserve, elle aurait pu ne posséder que du numéraire national, et même exclusivement des pièces de cinq francs, au moyen de la substitution aux envois métropolitains, pour les dépenses locales, des doublons ou des billets de banque dont la valeur commerciale ne différait pas de la valeur légale. Nulle obligation ne pouvait contraindre le Trésor à se former, en 1855, des réserves en monnaie étrangère, en doublons surhaussés ; dès lors nulle crainte d'une perte résultant, soit de la dépréciation de l'or ou de la plus-value du doublon, ne pouvait être fondée.

IX

La dépréciation de l'or, dût-elle se produire, n'était pas imminente dans toute l'étendue qu'on voulait bien prévoir : le changement du rapport de l'or à l'argent ne pouvait être instantané, et le numéraire circulant, compris l'encaisse de la banque, — fût-il évalué à trois millions de francs, — ne constituant pas un danger actuel, ne pouvait entraîner à une telle catastrophe financière, qu'il devînt urgent d'y aviser et de la prévenir en 1855, au risque des embarras que rappelait le souvenir de l'ordonnance royale du 30 août 1826.

Le décret de 1855 a dû ralentir, a pu arrêter peut-être le doublon à l'entrée, sans néanmoins en accélérer la sortie. Ceux que possédait le commerce ne lui causaient aucune appréhension : il avait la certitude de les toujours placer au taux de 86 fr. 40 cent., que la législation prétendait leur ôter. L'exportation du doublon, commencée avant 1855, s'explique, non par la déchéance dont il fut frappé, mais par l'élévation de *la prime*. La perte de *la remise* en doublons, au taux de 86 fr. 40 cent. dans la colonie, au cours de 82 francs dans la métropole, est de 7 0/0, fret, assurances et intérêts comptés. Lorsque la prime des traites à 90 jours de vue eut excédé 5 0/0, auxquels s'ajoutent les 2 0/0 d'intérêt de l'échéance de 4 mois, il y eut avantage à *remettre* en doublons ; le numéraire étranger, recherché pour l'exportation, se fit rare, finit par disparaître, comme avait disparu la monnaie nationale, et, par les mêmes causes, l'obligation de *remettre* et la pénurie des moyens de *remise*.

X

La Banque vida ses caisses au dehors (1). S'il fallait établir ses envois de numéraire *n'ayant plus cours légal*, sur ses états de situation de janvier 1854 à juin 1855, sans faire dans la réduction de son encaisse la part du remboursement de ses billets, elle aurait exporté une valeur métallique de 1,100,000 francs (2). Il n'en est résulté ni préjudice pour elle, ni surcroît d'embarras pour le pays. *La remise* de ses doublons lui imposait un sacrifice, mais elle se formait une *provision* dont la rentrée, par le tirage, devait lui offrir au moins l'équivalent. Elle enlevait au commerce local 1,100,000 francs d'or, mais elle mettait à sa disposition, en traites, une valeur égale : la compensation était complète au point de vue de la circulation extérieure, dont les embarras constituent toute la difficulté actuelle.

XI

La situation était simple, semblait prospère en 1826. Il n'en était plus ainsi en 1855, et déjà elle se compliquait de tout le malaise d'une longue période de souffrance. Le décret impérial du 23 avril a eu, sans nul doute, le même effet que l'ordonnance royale du 30 août sur le mouvement, à l'entrée, du numéraire étanger, le seul que la Guadeloupe reçût et possédât. Les circonstances commerciales, plus sévères en 1855 qu'en 1826, en ont accéléré la sortie. Le numéraire étranger n'était plus, en 1855, l'unique agent du mouvement des affaires. Le *billet*, à cours légal ou forcé, le remplaçant à l'intérieur, le numéraire a pu manquer sans que les affaires courantes et journalières en aient paru affectées. Toutefois, la gêne *intérieure*, pour n'être peut-être pas aussi apparente qu'en 1826, n'en est pas moins vivement sentie : la présence du billet de la Banque et

---

(1) Elle y fut contrainte par le refus d'admettre le numéraire étranger dans son encaisse, sinon comme *lingots*, du moins en raison de sa valeur intrinsèque.

(2)   30 janvier 1854*........ 2,406,123 32

     30 avril 1855**......... 1,286,311 37

     Différence.............. 1,119,811 95

* Compte rendu des opérations de la banque du 21 juillet 1854, p. 13.
** ———————————————————— du 22 juillet 1855, p. 22.

des bons du Trésor a pu en dissimuler la gravité (1), mais il est notoire qu'elle s'est aggravée depuis 1855.

XII

Nulle nécessité n'obligeait au changement du système monétaire. Les inconvénients, les dangers de la plus-value du doublon étaient problématiques ou lointains. La tentative malheureuse de 1826 aurait dû en écarter la pensée en 1855. La colonie, consultée sur l'opportunité de la mesure, encore en projet, répondit formellement et unanimement, par l'organe de ses chambres d'agriculture et de commerce, qu'il y avait, au contraire, convenance et utilité de conserver le cours légal et la plus-value du numéraire étranger. L'expérience qui se poursuit depuis plus de quatre années, démontre la sagesse des avis dont le ministère ne crut pas devoir tenir compte. La Guadeloupe, au milieu de contrées dont le système colonial ne l'isole pas entièrement, ne peut, en effet, se passer du *doublon* qui en est toute la monnaie. Le cours du change le constate. *La prime* plus élevée qui lui est attribuée, la plus-value constante qu'il obtient sur le numéraire national et la traite du commerce, sont la preuve :

Premièrement, que le doublon est réclamé par des besoins spéciaux, auxquels le numéraire national ou la traite du commerce ne saurait également satisfaire ;

Secondement, que le surhaussement dont l'avait augmenté la législation locale, n'en était que le juste rapport avec le cours commercial des marchés d'Amérique qui le demandent (2).

---

(1) La gêne n'apparaît en réalité, dans le mouvement de la circulation intérieure, qu'en raison de l'insuffisance des bons du Trésor pour le salaire, et de la rareté du billion pour les appoints. *La prime* du bon du Trésor est de 2 à 3 0/0; celle du billion est encore plus élevée. L'auteur a payé 8 0/0 la monnaie de cuivre qu'il lui a fallu acheter, dans le mois de novembre courant, pour appoint des salaires de ses ateliers d'usine et d'habitation.

(2) Le cours commercial du doublon à la vente, en France, était de 81 à 82 francs; mais la valeur intrinsèque *moyenne* n'en est que d'environ 80 francs. Sur cette base, le cours du doublon, par rapport au numéraire français ou à la traite du commerce, s'établit ainsi qu'il suit :

Gazette officielle * :

  Nº du 1ᵉʳ mars : traite.................. 8 0/0 de prime.
    —   doublon : 92 fr........ 15 0/0.
  Nº du 29 avril : numéraire français...... 12 0/0.
    —   doublon : 95 fr......... 18 3/4 0/0.

* La traite est donnée quand le numéraire français manque.

XIII

Le gouvernement, s'il rappelle le décret du 23 avril 1853, répondr
aux besoins du commerce et aux vœux du pays. Nul doute que le retour
à la plus-value légale du doublon ne soit d'un grand intérêt ; les rapports avec l'Amérique, encore limités par le système colonial, mais dont
l'extension doit s'obtenir d'une législation moins restrictive, en font une
nécessité. Toutefois, ce serait peut-être trop en attendre que d'y attacher
la cessation des embarras du commerce, que de lui attribuer la vertu de
guérir le mal dont le manque d'argent n'est, en définitive, qu'un symp-
tôme.

Il n'est pas admissible que le doublon, fût-il surhaussé légalement,
soit importé tant que *la prime* donnera à la traite plus de valeur que les
5 0/0 acquis par le bénéfice du surhaussement légal de 86 fr. 40 cent.
Mais le doublon, dût-il venir pour acheter tout le sucre des récoltes, ne
modifierait en rien la situation, s'il ne venait que pour immédiatement
repartir ; la colonie aurait le prix des récoltes en *numéraire* à expédier,
au lieu d'avoir les récoltes en *nature* à exporter, et 15 millions en *métal*
ou 15 millions en *sucre* (1) sont parfaitement égaux au point de vue des
remises (2), dont l'obligation fait la prime des traites, explique celle du

---

Nᵒ du 14 juin ** : traite................. 12 0/0.
      —   doublon : 95 fr......... 18 3/4 0/0.
Nᵒ du 1ᵉʳ juillet : numéraire français...... 12 0/0.
      —   doublon : 95 fr......... 18 3/4 0/0.
Nᵒ du 2 août : numéraire français....... 12 0/0.
      —   doublon : 94 fr......... 17 1/2 0/0.
Nᵒ du 13 septem. : numéraire français...... 12 0/0.
      —   doublon : 95 fr......... 18 3/4 0/0.

La Guadeloupe : Nᵒ du 14 octobre : le numéraire français manque ; le doublon à 95 fr.

En novembre : le doublon et le numéraire national manquent tous deux.

(1) La récolte supposée de 60,000 barriques, et le sucre évalué à 25 fr. le
quintal.

(2) C'est ainsi que le mouvement du crédit ouvert par le Trésor métropolitain
pour le service colonial, peut se faire indistinctement en numéraire ou en traites,
sans qu'il en résulte ni inconvénient, ni avantage pour le commerce dans ses
rapports avec l'extérieur. Le roulement mensuel des fonds du trésor doit être
d'environ 400,000 fr., dont moitié peut suffire à cause du va-et-vient de l'entrée et de la sortie. Les 200,000 fr., nécessaires en numéraire, sortis de la caisse
pour le payement des traitements et l'acquit des dépenses, y sont rappelés par le

** Dans le mois de mai, le doublon a manqué.

numéraire, renchérit le prix des marchandises et surhaussé celui de la denrée.

XIV

Le numéraire, comme *métal*, est partie intégrante de la *richesse*, à cause de la valeur qui lui est propre. Le numéraire, comme *monnaie*, ne vient que là où il est appelé et n'arrive qu'en vue d'un échange en *valeurs* ou en *crédit*. Le numéraire ne se meut, ne se déplace que sur l'ordre du maître auquel il obéit. S'il devient rare et manque, s'il fuit sans pouvoir être rappelé, la responsabilité en est au *capital* dont il est un des *moyens* et l'agent le plus actif.

L'AVÉNEMENT DU PAPIER

I

Le numéraire, arrêté à l'entrée par la révolution et le discrédit, poussé à la sortie par l'émigration de la classe blanche et l'excédant des dépenses que l'affaissement de la production laissait à solder en valeurs métalliques, le numéraire disparut après **1848** et l'embarras devint extrême. L'argent avait fui, le papier le rappela. La Caisse de prêt fut constituée. Le système du nouveau *crédit* administratif reposait sur la plus-value du doublon qui en permit l'application et en fit la réussite.

Avant **1853**, la circulation intérieure s'alimentait par le papier de la Caisse de prêt, billets de 1,000 et 500 francs, de 100 et 50 francs, concurremment avec le numéraire étranger, doublons américains ou *indépendants*, piastres très rares et gourdes percées en faveur desquelles déjà se prélevait une prime. Le franc et ses subdivisions ne se voyaient guère. La pénurie de la petite monnaie et l'obligation du salaire avaient rendu nécessaire l'émission des petites coupures de 10, de 5 francs, dits *billets*

---

tirage au *pair en monnaie nationale*. La prime du numéraire français étant égale à celle du papier du commerce à quatre-vingt-dix jours de vue, le bénéfice que donne la plus courte échéance des mandats du trésor leur assure la préférence. Le numéraire reste et la traite part. Si le Trésor recevait de l'or au lieu d'émettre du papier, le commerce achèterait l'or, non plus pour avoir des traites, puisque le Trésor n'en émettrait pas, mais pour l'expédier au dehors comme *remise*. La situation, quant au numéraire en circulation, resterait parfaitement identique.

bleus qui, avec le billion *colonial* de 10 et 5 centimes, répondaient aux nécessités du salaire et servaient d'appoint au courant des affaires.

II

Les fonds de l'indemnité n'étaient peut-être pas tous épuisés en 1833 ; le mouvement de la production, bien que redevenu progressif depuis le 2 décembre 1852, n'avait pas déjà entraîné à des débours, à des avances considérables : l'immigration n'était encore qu'en projet. Cependant *la prime* des traites du commerce et celle du numéraire français, qui lui est toujours relative, se cotaient de 2 à 4 0/0, soit 2 0/0 de février à juillet, époque de l'abondance des denrées d'exportation, et 4 0/0 dans l'arrière-saison, d'août à janvier, époque de la pénurie des moyens de remise. La traite à 90 jours de vue, *au pair*, laisse 2 0/0 de perte d'intérêt. Le numéraire français coûte à l'expédition 2 0/0 en fret, assurances et intérêt. Avec parité de perte, la remise en traites donne moins d'embarras si elle offre quelques risques, et l'on peut admettre qu'*au pair* la traite soit préférée à l'argent. Mais lorsque la traite se fit rare, fut demandée, recherchée, que la prime parut, s'éleva successivement à 2 et 4 0/0, portant la perte de *la remise* de 4 à 6 par l'intérêt des quatre mois d'échéance, il est très certain que le numéraire français lui fut préféré, et qu'également demandé, recherché, il dut obtenir *une prime* égale de 2 à 4 0|0, rétablissant la parité des deux moyens de remise.

« Ici se présente la plus considérable des opérations de la Banque, » dit le rapport du directeur, du 16 juillet 1853, comprenant une période de cinq mois, de février à juin, époque de la grande abondance du sucre, et, par suite, de la plus grande modération de la prime : — « elle a remis » 1,354,632 fr. 27 cent. de mandats payables à la Banque de France. Ces » émissions (en pleine récolte) ont été d'un grand secours pour les re- » mises à faire en Europe. Aussi la Banque s'est-elle efforcée de mesurer » son tirage de manière à mettre, chaque packet, une somme raison- » nable de ses mandats à la disposition du commerce.

» Elle a toujours maintenu son papier à une prime modérée de 2 1/2 » 0/0, alors même que les circonstances lui permettaient d'élever le taux » de cette prime (1). »

Ainsi, la nécessité de recourir à des valeurs exportables autres que la denrée et le taux de *la prime*, établis par un document officiel de 1853,

---

(1) Rapport sur les opérations de la Banque, pendant le 1er semestre de 1853, présenté à l'assemblée générale des actionnaires par le directeur, au nom du conseil d'administration, le 16 juillet 1853, page 10.

explique la fuite antérieure du numéraire français, en constate la pénurie. La présence de la pièce de 20 ou de 5 francs sur le marché eût
fait obstacle à la prime et maintenu *au pair* la traite du commerce à
90 jours de vue.

III

Lorsque la Banque émit son papier, en février 1853, celui de la Caisse
de prêt fut retiré. Les billets de 1,000 et de 500 fr., ceux de 100 et 50 fr.
rentrèrent immédiatement au Trésor, remplacés qu'ils étaient par les billets
de banque de 500, 100 et 25 francs. Il n'en fut pas ainsi des petites coupures
de 5 et 10 francs. Le service qu'elles rendaient, le besoin impérieux
qu'en avaient le payement du salaire et l'appoint des transactions, les
retinrent dans la circulation. Il fallut des avis réitérés, allant jusqu'à la
menace de déchéance, pour en réaliser le remboursement, après plusieurs
délais successivement renouvelés.

« Le système de circulation de la Banque serait complet, » — di-
sait (1) le rapport du 16 juillet 1855 déjà cité, — « si elle avait la faculté
» d'émettre des coupures de 5 francs. L'administration de la Banque,
» d'accord sur ce point avec le gouvernement, s'est adressée au minis-
» tée pour obtenir cette concession. »

Ce vœu du conseil d'administration de la Banque n'était que l'écho de
l'opinion et l'expression d'un besoin unanimement senti. L'émission des
bons du Trésor, autorisée par le décret du 23 avril 1855, répondit à une
nécessité alors incontestée.

IV

Le manque absolu de numéraire français pour répondre au mouvement des affaires, — or, argent et leurs subdivisions, — est antérieur à
l'établissement de la Banque ; la pénurie de toute petite monnaie, nationale ou étrangère, bien et dûment constatée, obligea de recourir aux
bons du Trésor : la cause de la rareté du numéraire *français* n'est donc
pas et ne saurait être cherchée dans l'avénement du papier, qu'il ait
cours ou légal ou forcé.

Le numéraire français n'apparaissait pas dans la circulation monétaire ; devenu marchandise, il s'achetait pour l'exportation. La demande,
moins active, y attachait un moindre prix avant que depuis 1853 : là
est toute la différence qu'offrent les deux périodes, celle antérieure et

---

(1) Page 12.

celle postérieure à l'établissement de la Banque. Le compte, toujours ouvert entre la métropole et la colonie, se soldait, après épuisement de la denrée, en numéraire *français* ou en traites du commerce, s'achetant l'un et l'autre, se vendant et obtenant, tous deux, un prix ou une *prime* égale.

V

Le numéraire français s'exportait, la plus-value du doublon le retenait, en empêchait la fuite au dehors. Il n'était pas marchandise, ne s'achetait pas pour l'exportation ; l'élévation de la prime n'en sollicitait pas encore la sortie.

Le doublon surhaussé, resté à l'intérieur, était toute *la monnaie* du pays : unique argent métallique des transactions commerciales, il achetait sur place les marchandises d'importation métropolitaine, concurremment avec *les billets* de la Caisse de prêt, payait *seul* les cargaisons des Etats-Unis et celles de Porto-Rico.

Le doublon surhaussé constituait le fonds du *crédit;* il escomptait les billets et prêtait sur hypothèque. L'intérêt ordinaire que représentait le loyer du doublon était de 12 0/0. Le billet de la Banque, remplaçant le billet de la Caisse de prêt, ne *démonétisait* pas le doublon, resté en possession de toujours acheter les marchandises sur place, concurremment avec le nouveau papier, de toujours payer les cargaisons des Etats-Unis et de Porto-Rico, exclusivement au papier, dont la puissance libérative ne s'étend pas au dehors.

VI

Le loyer du capital que le doublon réclamait à 12 0/0 ne pouvait lui être conservé quand le papier offrait le sien à moitié prix, et le crédit de la Banque devait nécessairement se substituer à celui du capitaliste, auquel restaient, néanmoins, le prêt sur hypothèque et les effets à longue échéance. Cette part lui fut insuffisante peut-être. Le capital en *numéraire* dut alors se retirer devant la concurrence du capital en *crédit.*

Dans l'hypothèse que la totalité du capital en numéraire étranger consacré à l'escompte, s'évaluant de 1 million à 1,200,000 francs, devînt sans emploi, qu'il lui fallût demander à la France le placement qu'il n'avait plus à la Guadeloupe, il ne pouvait cependant sortir *en nature*, à cause de la perte immédiate qu'il eût donnée, en raison du taux de la prime n'excédant pas encore de 2 à 4 p. 0/0, de la plus-value légale de 86 fr. 40 cent. dans la colonie, et du cours commercial de 80 à 82 fr. (1)

---

(1) Le cours du doublon, *à la vente*, était de 81 à 82 francs sur le marché de

dans la métropole. Les doublons sont restés , mais la contre-valeur a pu
en être *remise en traites*, dont l'exportation offrait, à cette époque, une
perte moindre que celle de la monnaie étrangère.

La Banque avait à se former un encaisse métallique. Il lui fallut, en
se constituant, émettre des mandats dont *la prime* lui valait un profit
au moins égal à celui du numéraire étranger qu'elle avait la faculté de
demander en engageant une partie de son capital. Le rapport de ses opérations, de février à juin 1853, constate, en effet, qu'elle avait disposé,
sur la Banque de France, de la somme de 1,354,632 francs (1). Le commerce reçut ainsi de la Banque une valeur exportable, en traites, excédant celle dont l'avénement du *crédit* l'avait peut-être privé : il y eut
compensation sur ce point. Les émissions de la Banque, pour se former
une encaisse métallique, attirèrent le numéraire étranger dont *l'escompte*
ne voulait plus. Les doublons restés sans emploi, et dont la plus-value
empêchait la fuite, sortirent des mains du capitaliste pour entrer dans les
caisses de la Banque : le pays n'y perdit rien.

VII

L'établissement de la Banque n'eut pas pour but, et ne pouvait avoir
pour effet, d'arrêter ou de ralentir la surhausse des valeurs exportables,
— numéraire, denrée et traite. — Le besoin de *remises* devenait si pressant que la *prime* ne s'arrêta pas, quoique la Banque eût mis à la disposition du commerce, de juillet 1853 à juin 1854, une valeur, en traites,
de 5,180,366 fr. 55 cent. (2) : l'essor se continuant, le cours du change
ne tarda pas à s'élever de manière à solliciter l'exportation du numéraire
étranger, nonobstant la plus-value qui l'avait jusqu'alors empêchée. Le
doublon sortait déjà quand fut promulgué le décret du 22 avril 1855 :

Paris. Mais *le changeur* le prenait, *à l'achat*, pour sa valeur intrinsèque : elle
n'est pas — celle des doublons *américains ou indépendants* — en moyenne, de
plus de 80 francs.

Le doublon indépendant n'est reçu sur les packets anglais que pour 80 francs.
Il représente quatre pièces de 20 francs, seize pièces de 5 francs, admises également pour 64 schellings. Il n'y a pas à en induire que tel est le cours commercial du doublon dans le golfe du Mexique et sur le continent américain. La
caisse des packets anglais est celle de la compagnie elle-même : le caissier n'ac-
cepte la monnaie étrangère qu'au cours du marché de Londres où il est censé
devoir en faire directement la remise.

(1) Rapport du 16 juillet 1853, déjà cité, page 10.

(2) Rapport des opérations de la Banque, de 1853 à 1854, présenté le 22 juillet 1854, page 9.

l'élévation rapide de la prime en eut bientôt démuni le pays. La coïncidence de la promulgation du décret et de la disparition du doublon, explique l'opinion qui fait de l'une la conséquence de l'autre.

VIII

Le capital conventionnel que représente *le crédit* se meut, à l'aide d'agents, comme le capital réel auquel il s'ajoute pour en étendre la puissance. Si le *capital*, pour se déplacer et fructifier, dispose du numéraire, des métaux précieux et de toutes les valeurs que l'agriculture produit, que l'industrie transforme, que le commerce échange, *le crédit*, dans le même but et pour le même résultat, emploie la monnaie fiduciaire, le papier de circulation, les effets transportables et les comptes courants du commerce (1). Le numéraire, qui circule avec le mouvement des affaires, est improductif. Le papier, *signe du crédit*, le supplée, en laisse la disponibilité, en permet l'emploi productif, et c'est ainsi que le *crédit*, joint au *capital*, concourt au développement de la richesse.

IX

L'établissement, à la Guadeloupe, de la Banque ou du *crédit*, représenté par une monnaie fiduciaire de papier, a fait cesser le service du numéraire dans le mouvement de la circulation intérieure qu'alimentait la monnaie étrangère. *Le papier*, plus commode que l'or ou l'argent, en a rempli l'office ; et recevant *du cours légal* la même puissance libérative que le numéraire, s'y est facilement substitué, l'a immédiatement remplacé, a pu l'empêcher d'apparaître, mais ne l'a pas chassé.

Le crédit *en papier*, prenant la place du capital *en numéraire* dans le courant intérieur des affaires, l'a rendu disponible : l'emploi a pu s'en faire, au dedans ou au dehors, selon l'avantage que la spéculation a dû s'en promettre. Le capital *numéraire*, uniquement destiné au règlement des affaires, était improductif à la Guadeloupe comme partout. Le *numéraire*, nécessaire au mouvement intérieur de la circulation, ne pouvait ni disparaître, ni sortir, ni se placer, ni produire. Le *papier*, qui répond aux mêmes besoins et y satisfait aussi complétement, en dispensait, le restituait au courant général des affaires, lui permettait de se placer

---

(1) Le grand-livre de la dette publique, la dette consolidée et la dette flottante sont, de nos jours, les agents les plus actifs et les plus puissants du capital conventionnel, *le crédit*, qu'ils mobilisent par la circulation *des inscriptions* de la rente et *des bons* du Trésor.

et de produire ; et *le papier*, se substituant au *métal*, en même temps qu'il préservait de toute gêne le mouvement de la circulation à l'intérieur, et qu'il abaissait de moitié le taux de l'intérêt commercial, tendait à augmenter les revenus du pays. Le capital en *numéraire*, affranchi par le capital en *crédit* de la servitude intérieure, pouvait sortir,sans nul doute, et aller s'offrir où *l'intérêt* l'appelait. Si néanmoins le numéraire a ui à l'avénement du papier, la fuite n'en a été ni longue ni lointaine : le numéraire, s'il fut chassé par le papier, s'est allé réfugier dans le sein de la Banque, s'est mis sous la protection du Trésor.

En février 1853, le numéraire de toutes nationalités et de toutes sortes, — or, argent et billon, — circulant à la Guadeloupe, s'évaluait à trois millions de francs. Eh bien! ces trois millions de francs se retrouvent dans l'encaisse de la banque et dans celui du Trésor (1). Le papier, loin de chasser le numéraire, l'aurait ainsi conservé au pays (2). Si la fatalité, par une liquidation immédiate et un remboursement instantané, obligeait à vider les caisses de la Banque et le caveau du Trésor, la circu-

---

(1) Le numéraire, qui satisfait aux besoins courants du Trésor doit être de 2 à 300,000 francs, ci, le minimum de ce numéraire............ 200,000 fr.

Le montant des écus encaissés pour représenter la valeur des *bons* du Trésor n'est pas exactement connu; mais il doit s'évaluer, en raison des émissions, au moins à.................. 1,200,000

L'encaisse de la Banque, au 31 octobre dernier, était de..... 1,802,781

Total.............. 3,202,781 fr.

Ce total de 3,202,781 francs serait atténué par la valeur en *bons* du Trésor contribuant à l'encaisse de la Banque, et faisant dès lors double emploi. La somme de ces bons n'est donnée ni par les états de situation que publient les journaux, ni par le compte rendu des opérations à l'assemblée générale des actionnaires. Toutefois, il est à peu près certain que le mouvement des *bons* du Trésor, dans l'encaisse de la Banque, se limite au chiffre de 200,000 francs environ. La défalcation de ces bons laisserait donc encore la somme des valeurs métalliques du Trésor et de la Banque égale aux 3,000,000 de francs que s'évaluait la circulation monétaire en 1853.

(2) Le commerce de la Pointe-à-Pitre demandait, en 1842, *un papier de circulation* pour conserver le peu de numéraire que la colonie aurait pu tirer de la *caisse de réserve*, alors de 800,000 francs. La lettre du commerce, adressée à M. le Gouverneur, reproduite par le numéro du *Courrier* de la Guadeloupe, du 17 mai 1842, concluait ainsi qu'il suit :

« 1º Etablir immédiatement et maintenir jusqu'à la solution de la question des » sucres, un bureau d'escompte à la Pointe-à-Pitre, à l'effet de négocier les bil- » lets et lettres de change qui émanent du commerce, en créant, si votre pru- » dence vous le suggère, *des bons du Trésor propres à conserver les capitaux* » *dans le pays*, »

lation ressaisirait les trois millions de francs dont elle était en possession quand le *crédit* fut fondé ; mais combien de temps les pourrait-elle garder ?

X

La monnaie métallique, circulant à l'intérieur, est *étalon*, c'est-à-dire qu'elle est la mesure des prix ; et, comme base des règlements, le taux en est fixe, invariable (1).

La monnaie métallique est aussi *matière*, c'est-à-dire qu'elle est ou peut devenir marchandise ; et, comme moyen d'échange, à l'extérieur, la valeur cesse d'en être fixe : elle subit toutes les variations du change.

Il n'y a plus à la Guadeloupe de monnaie métallique comme *étalon*, car il ne s'en trouve pas d'une valeur *fixe, invariable*, pour *mesure des payements* et *base des règlements*.

XI

L'obligation d'acquitter les dettes anciennes de la colonie, ou de balancer les comptes courants du commerce, la rareté, l'insuffisance des valeurs exportables, les ont toutes mises à l'enchère, *sans en excepter le numéraire*. La difficulté toujours croissante de les obtenir en surexcite la demande. L'élévation de *la prime* que réclame *toute remise*, réagit sur le prix des marchandises, les renchérit, soit à l'importation ou à l'exportation. Tout est donc surhaussé dans le rapport de l'élévation de *la prime* que coûtent *les remises*. La facture de toute affaire ajoute au prix d'achat, aux frais, à l'intérêt, *la survalue* du payement pour compter le prix de revient, et c'est sur ce prix de revient, ainsi surchargé de *la prime*, que s'établit le prix de vente, sauf les oscillations ordinaires de la concurrence. Rien ne se soustrait à cette *survaleur* : marchandises importées, valeurs exportables, tout y est soumis.

La cote du sucre du marché du Havre, le 10 septembre dernier, était de 58 francs les 50 kilogrammes, bonne 4ᵉ des Antilles (2); celle du mar-

---

(1) Les peines édictées contre le surhaussement de la monnaie nationale ont été rappelées en France, en 1856-57, quand la crise alimentaire faillit amener une crise monétaire. Le gouverneur eut alors quelque velléité d'en user pour faire obstacle à la sortie du numéraire et au renchérissement de la monnaie.

L'étalon monétaire, en France, est *l'argent* : le *franc* est la mesure des payements et la base de la comptabilité.

L'étalon monétaire est *l'or*, en Angleterre : la *livre sterling* est la mesure des payements et la base de la comptabilité.

(2) *Gazette officielle* du 7 octobre, cours du Havre.

ché de la Pointe-à-Pitre (26 septembre au 11 octobre) était de 27 à 30 fr. (1), prix moyen, 28 fr. 50 cent., donnant 34 0/0 de plus-value sur le prix de 21 fr., à l'expédition, ressortant de celui de 58 francs, au Havre, à l'acquitté (2).

La valeur intrinsèque du doublon américain, dit *indépendant*, variant d'environ 79 à 81 francs, selon le poids et le titre, est, en moyenne, de 80 francs, et le prix actuel de vente de 95 francs représente 18 3/4 0/0 de *survalue* (3).

Celle de la monnaie française et de la traite du commerce est de 12 0/0 (4).

En résumé :

Sucre, *survalue* ou *prime*.....	34 0/0
Doublon, *idem*...............	18
Monnaie française, *idem*......	12
Traites à 90 jours de vue, *idem*.	12

Ce cours, qui d'ailleurs n'a guère varié depuis, a été adopté, parce que, dans les mois d'octobre et de novembre, le numéraire français, et dans le mois de novembre, le doublon, ayant manqué, la différence des cours n'aurait pu s'établir sur les bulletins officiels constatant le change d'une même période, s'il eût fallu les comparer avec la cote des sucres donnée par les derniers bulletins du Havre.

(1) *La Guadeloupe* du 14 octobre, bulletin commercial du 27 septembre au 11 octobre.

(2) Droits actuels et le double décime........................ ..... 25 f. 20
Fret de 50 fr. le tonneau, assurances, frais, etc., déchet, différence
de tare, intérêts des avances, etc., au moins....................... 11 80

Total........... 37 00
Prix d'expédition.. 21 00
Établissant le prix de réalisation............................. 58 00

La *survalue* de sucre sur toutes les autres valeurs exportables s'explique par les chances aléatoires qu'il offre, et aussi par certaines nécessités commerciales auxquelles il lui faut satisfaire : par exemple, le besoin pressant de charger un navire dont les frais s'accumulent; l'obligation spéciale de *remettre en denrées*, dont la commission est un surcroît d'intérêt prévu.

(3) *La Guadeloupe* du 14 octobre; bulletin commercial.

(4) *Gazette officielle* du 30 septembre, cours du change du 12 au 26 septembre.

La survalue *du doublon*, sur la monnaie française et la traite du commerce, n'a de raison d'être que le besoin spécial qui s'en fait sentir pour les rapports commerciaux avec *toutes* les contrées d'Amérique, et justifie celle qu'il tenait naguère de la législation. S'il ne s'agissait que des *remises*, c'est-à-dire des rapports de la colonie avec la métropole, *la survalue* du doublon sur la monnaie française et la traite ne pourrait s'expliquer.

XII

En cas de *vente*, le prix convenu se règle sur l'étalon monétaire, le *franc*, et s'acquitte avec la monnaie dont la mesure est fixe, invariable, connue de tous, non susceptible d'être agréée ou refusée selon les circonstances du moment et les convenances de l'acheteur ou du vendeur. Cette monnaie, la seule qui remplisse avec exactitude les conditions de l'*étalon monétaire*, c'est, à la Guadeloupe, dans le moment actuel, le billet de banque, dont le taux ne peut varier du jour au lendemain, dont la valeur fixe, connue de tous, n'est susceptible ni de contestation ni de refus.

En cas d'*échange*, le prix se règle d'après les cours, et, s'il est mesuré sur la base de l'étalon monétaire, le *franc*, il subit une réduction de 34, de 18 ou de 12 0/0, selon qu'il doit être réglé en sucre, doublons, monnaie française ou traites de commerce.

Le vendeur et l'acheteur ont la faculté de modifier, de gré à gré, une *vente* quelconque pour en faire un *échange*, et celui-là peut recevoir de celui-ci, s'ils sont tous deux d'accord, au lieu de 100 fr. qu'il a d'abord stipulés (1), une valeur en sucre, doublons, monnaie française ou traites du commerce, ne représentant plus, au cours du change, que 66, 82 ou 92 francs. Mais induire d'une telle *vente*, devenue un *échange*, que le billet de la Banque est au rabais, qu'il perd 12 0/0 comparé à la monnaie française ou à la traite du commerce, c'est admettre implicitement que la monnaie française est au rabais à son tour, et qu'elle perd 6 ou 24 0/0, selon qu'elle est comparée au doublon ou au sucre. Il est certain que toutes les marchandises, importées ou exportables, sont surenchéries par la *prime* qui s'ajoute au prix d'achat. Le renchérissement s'établit, en effet, par comparaison au billet de banque, *étalon monétaire*, dont le taux ne varie pas, sans que, néanmoins, la dépréciation du billet en soit la conséquence. Il est plus simple, il serait plus logique de reconnaître, ce qui est réel, incontestable, que la pièce de 5 ou de 20 francs, devenue marchandise *primée* par la demande que l'offre ne peut couvrir, obtient une *survalue* ainsi que le doublon et le sucre.

La *prime* des traites fut de 8 0/0 en avril dernier (2). Elle est déjà de 14 à 15 en novembre courant, et peut s'élever à 16 en décembre prochain (3). Elle fut de 4 et de 2 dans le courant des récoltes de 1858 et 1857. Le renchérissement de la marchandise, plus ou moins sensible selon le plus ou moins d'élévation de la prime, dut en suivre toutes les phases.

---

(1) La condition du payement en monnaie ayant cours légal, toujours sous-entendue, en cas de vente, ne nécessite pas de stipulation formelle.

(2) *Gazette officielle* du 29 avril 1859.

(3) Elle est déjà au taux de 15 0/0.

La valeur du papier de la Banque, s'il fallait la rapporter aux prix courants des marchandises, se serait abaissée de 6 0/0 d'avril à novembre, encore de 2 0/0 de novembre à décembre, constituant, dans l'année courante, une baisse successive de 8, de 14 et de 16 0/0 sur la valeur nominale que lui attribue le cours légal. La dépréciation n'aurait été que de 2 et 4 0/0 en 1857 et 1858. Les circonstances commerciales se modifiant, une forte récolte ou la cherté du sucre, en 1860, peut rétablir la *prime* au taux modéré de 2 et de 4 0/0 des récoltes de 1857 et 1858, la ramener même à son cours normal, le *pair*. Le prix des marchandises ne serait renchéri que de 4, de 2 0/0, ou ne le serait plus, et alors le billet de Banque ne présenterait qu'une dépréciation de 4, de 2 0/0, ou même la valeur nominale en redeviendrait identique à la valeur légale. Cependant le papier de la Banque, ainsi soumis à des variations incessantes de hausse et de baisse, n'aurait été modifié dans aucune de ses conditions, et le raisonnement se poursuit, la preuve se fait dans l'hypothèse que le billet de la Banque serait, en 1860, ce qu'il est en 1859, ce qu'il fut en 1857 et 1858.

XIII

Le capital en *numéraire* ne put suffire, il y a un demi-siècle, aux dépenses de la guerre universelle que soldait l'Angleterre, à l'immense développement qu'elle préparait à son industrie, à l'expansion colossale qu'elle imprimait à sa navigation et à son commerce. Il lui fallut recourir au capital *en crédit*, qu'elle fonda dans une mesure dont la grandeur étonne (1). Le numéraire fuyait, s'écoulait avec une rapidité effrayante, par toutes les larges issues que lui ouvraient les nombreuses et dispendieuses nécessités de soutenir la guerre, de développer l'industrie, d'étendre la navigation et le commerce. Bientôt le numéraire se fit rare, devint cher ; la valeur en variait incessamment, suivant les circonstances et les besoins du moment. Le mouvement qui l'emportait au dehors lui enlevait, par son inégalité et dans ses oscillations, *la fixité*, condition essentielle, *sine quâ non* de l'étalon monétaire. Le numéraire, soumis aux variations du commerce, n'était plus la mesure des prix, ne pouvait plus servir de base aux règlements, dont la valeur fixe et invariable de la monnaie *légale* a pour objet et pour effet d'écarter toute conteste. Le gouvernement dut y aviser : il donna *cours forcé* au papier de circulation de la Banque de Londres, qui acquit ainsi, de par l'autorité de la loi, le caractère d'*étalon monétaire*, que la loi seule, en définitive, attache à la monnaie métallique. Le papier de banque resta longtemps la mesure des prix

---

(1) La dette de l'Angleterre dépassait, en 1815, le chiffre fabuleux de 30 milliards.

et la base des règlements (1). Le billet de circulation de la Banque de Londres, s'il eût fallu en établir la valeur relativement aux prix courants des marchandises, *le numéraire compris*, en eût subi toutes les variations : il eût haussé comme elles et baissé avec elles. Ces incessantes oscillations de bas en haut et de haut en bas, auxquelles le papier semblait soumis et que l'opinion put lui attribuer, n'étaient cependant qu'une erreur que l'on pouvait comparer à une illusion d'optique : le papier était stable, la marchandise seule avait du mouvement. La preuve en fut acquise quand le changement des circonstances permit de restituer exclusivement à la monnaie métallique le caractère d'*étalon* qu'elles lui avaient ôté. Le cours forcé du papier de la Banque de Londres cessa, et cependant la valeur *nominale* que la loi lui avait attribuée, *en raison de sa valeur réelle* (2), se maintint toujours, dans le courant des affaires, exactement le même, pendant, après, et telle qu'elle avait été avant l'établissement du cours forcé.

XIV

Le papier, de nulle valeur par lui-même, acquiert, comme monnaie, une valeur réelle, inaltérable, non celle qui ressort de son poids et de son titre, comme les monnaies d'or et d'argent, mais celle qui tient de la contre-valeur métallique (3) dont il représente le poids et le titre.

Le prix des marchandises s'abaisse ou s'élève sous la grande loi commerciale de l'offre et de la demande. Si les métaux précieux, comme *monnaie*, en sont affranchis par l'autorité de la loi civile dans la limite de la circulation intérieure, ils y restent soumis comme *matière*, même sous forme de *monnaie*, et subissent, ainsi que toutes les valeurs échangeables, les fluctuations des marchés commerciaux. Mais, de même que le taux de la monnaie métallique *considérée comme mesure des prix et base des règlements*, ne varie, ne se déprécie que tout autant que le poids en est réduit ou le titre altéré, de même le taux de la monnaie de

---

(1) Le cours forcé du papier de la Banque de Londres fut maintenu pendant vingt-deux ans, de 1797 à 1819.

(2) Le billet de circulation de la Banque de Londres ne fut jamais déprécié, parce qu'il représentait toujours des valeurs *réelles*, qui en rendaient le remboursement certain, en fin de compte. A côté de ce papier de la Banque était celui de l'Etat, *inscriptions de rente, bons de l'Échiquier*, dont la base reposait sur la confiance publique et la richesse nationale.

(3) Cette contre-valeur métallique doit toujours se retrouver dans le capital, la réserve et l'encaisse, par le recouvrement des nantissements, des valeurs du portefeuille, des warants de marchandises, etc.

papier ne varie, ne se déprécie que tout autant que la contre-valeur en est amoindrie, que le gage en est compromis ; et quand la valeur de la monnaie de papier s'est graduellement affaissée jusqu'à ne plus laisser qu'un chiffon, cet affranchissement graduel, jusqu'à épuisement total, a toujours été la conséquence de l'amoindrissement successif jusqu'à l'évanouissement complet de la contre-valeur qu'il représentait : ainsi du papier de Law, ainsi des assignats de la Convention.

La dépréciation ou l'impuissance du *papier*, agent irresponsable du *crédit*, ne résulte que de la trop grande extension du capital *conventionnel* sur les bases qui le supportent, et de l'emploi ou imprudent ou déloyal des ressources qu'il offre.

Le manque de numéraire, prolongé jusqu'à paralyser le mouvement commercial, s'explique par l'immobilité forcée (1), l'absence absolue ou l'excessive réserve du capital *réel*.

L'absence de la denrée fait du numéraire une *nécessité* pour satisfaire aux *remises* dont le commerce subit la loi sous peine de déchéance.

La *denrée* fait défaut à la *remise*. Le *numéraire* et la *traite* — qui en remplace le mouvement et en tient lieu — n'apparaissent ni l'un ni l'autre : le numéraire manque, ainsi que la denrée, la traite ainsi que le numéraire, quoique l'un et l'autre, devenus marchandise recherchée avec ardeur pour l'exportation, soient mis à l'enchère comme la denrée.

Il est certain qu'il suffirait de la présence de l'une de ces trois valeurs sur place, — denrée, traite ou numéraire, — pour entraîner la baisse de toutes trois, et tout faire rentrer dans l'ordre ordinaire du mouvement commercial.

Si la denrée pouvait répondre aux besoins urgents du moment, y satisfaire, et que les cours du marché colonial fussent, dès lors, équivalents à ceux du marché métropolitain ;

Si la colonie avait, au dehors, un *capital* ou un *crédit* suffisant, de telle sorte que le sucre ou le numéraire faisant défaut, la traite, offerte et non demandée, y pût suppléer dans la mesure exacte des besoins ;

Qui donc, à la Guadeloupe, se préoccuperait vivement du manque d'argent et rechercherait le numéraire à tout prix ?

La gêne monétaire serait peu sentie ; le papier continuerait de remplir sa mission intérieure sans difficulté et sans conteste. S'il n'en est pas ainsi, la cause en est aux embarras du mouvement *extérieur*, qui seuls en doivent répondre.

A ce point de vue, la question cesse d'apparaître exclusivement intérieure et simplement monétaire. Elle s'agrandit, s'étend à l'extérieur et touche aux intérêts les plus importants du pays.

---

(1) A la Guadeloupe, tout le capital est immobilisé à l'intérieur, et aucun capital ne s'offre, ne se trouve, n'apparaît à l'extérieur.

II

LA QUESTION COMMERCIALE

Le cours du change suit une progression ascendante. Tout est surenchéri, valeurs exportables et marchandises importées. La *prime* que réclame la *traite* semble ne plus avoir de limite : le commerce en souffre, le consommateur s'en plaint. Les embarras actuels, dont le terme ne s'aperçoit pas, laissent craindre des difficultés plus sérieuses encore.

La *balance du commerce*, document officiel, livre ouvert où chacun lit, est invoqué des uns, rejeté des autres. L'ardeur de ceux-ci les entraîne à contester la *balance du compte courant du commerce extérieur*, qui n'apparaît pas au grand jour, il est vrai, ne ressort pas des états officiels et ne s'établit que par conjectures. La *Banque* est mise en cause, tour à tour condamnée et absoute, selon qu'elle est jugée par l'utilité intérieure ou les obligations extérieures. Le pays comprend que le salut serait dans l'*extension de ses cultures et l'amélioration de ses produits,*

LA BALANCE DU COMMERCE

I

La science n'admet plus que, de la *balance du commerce*, puisse s'induire l'avantage ou le désavantage des rapports commerciaux, et moins encore qu'elle soit l'indice de la prospérité ou de la décadence des sociétés.

Le système de *la balance du commerce* était exclusif du mouvement du numéraire : sous l'empire de ce système d'économie politique, la sortie en était prohibée d'une manière absolue et punie de peines sévères (1). Si l'obligation de payer en numéraire peut, dans certains moments, cau-

---

(1) Les ordonnances et les édits qui défendaient et punissaient la sortie du numéraire furent rappelés, et le gouvernement eut la velléité de s'en servir pour empêcher la fuite du numéraire que la disette de blé poussait au dehors, en 1856-57.

ser de la gêne, susciter des embarras, il n'est pas moins admis de nos jours, contrairement à la théorie ancienne, que le libre mouvement du numéraire et des métaux précieux, favorable à l'expansion du commerce, est toujours, en fin de compte, sans danger pour la fortune publique.

Le numéraire est un des éléments considérables du commerce extérieur ; et sans faire état de la contrebande, aujourd'hui de peu d'importance, l'insuffisance des déclarations à l'entrée et à la sortie du numéraire, laisserait déjà de l'incertitude. Elle cesse, et le doute n'est plus permis, si l'on considère combien l'inexactitude d'évaluations qui repose sur des données quelquefois très anciennes, toujours établies par un certain laps de temps et souvent arbitraires, la variation des prix qui ne se soumettent pas aux cotes des mercuriales officielles, enfin la plus-value ou le rabais qui se rattache à la fluctuation des cours, modifient, altèrent profondément *la balance du commerce*, telle qu'elle semble résulter des importations et des exportations constatées par le service des douanes. Il est d'ailleurs des productions et des consommations qui échappent aux investigations, des transactions et tout un mouvement d'affaires qui ne comportent aucun contrôle.

II

La richesse se constitue par le travail agricole, le travail industriel et l'augmentation de valeur qu'y attache le mouvement commercial. Le capital acquis, accumulé par le temps, y concourt dans la mesure des revenus qu'il ajoute à ceux que créent incessamment l'agriculture, l'industrie et le commerce. Il n'existe à la Guadeloupe ni industrie ni commerce, dans le sens général qui en fait *les agents constitutifs de la richesse*. Le capital *acquis*, s'il est sorti et qu'il se soit éloigné pour produire au dehors, cesse de compter, à moins qu'il ne puisse être rappelé, qu'il ne fasse retour, lui, le loyer ou l'intérêt qu'il rapporte ; s'il est resté et qu'il se soit employé sur place, le revenu qu'il donne se confond avec celui de l'agriculture dont il augmente la puissance.

Le mécanisme de la formation de la richesse est aussi simple dans la colonie qu'il est compliqué dans la métropole. Le sucre en est à peu près le seul élément ; le café, le cacao, le coton, le roucou, les épices et les bois de teinture n'y ont qu'une faible part. La production des vivres de toutes sortes, celle des animaux de toute nature, l'industrie restreinte aux arts mécaniques, n'y entrent que par les économies qu'elles permettent : la production de la farine de manioc diminue d'autant la consommation de la farine de froment ; la paire de souliers confectionnée sur place avec les peaux préparées dans le pays remplace celle qu'il faudrait acheter de l'étranger ; le bœuf créole dispense des bœufs de Porto-

Rico ou du Sénégal ; le bois coupé dans nos forêts, utilisé en charpente ou comme combustible, restreint l'entrée des bois de construction de la provenance des États-Unis, du Canada ou de Porto-Rico, le nombre des chargements de houille qu'il faut demander à la France ou à l'Angleterre. Ces productions diverses réduisent *la dépense* ; mais les seules denrées d'exportation (1) — le sucre surtout forment *la recette*. Les petites cultures, les propriétés urbaines, les professions libérales, les offices ministériels, le mouvement du négoce et celui des petites industries locales n'y contribuent pas : l'agriculteur vivrier, le propriétaire urbain, le médecin, le notaire, l'avocat, l'avoué, l'huissier, le négociant, le marchand, l'artisan et toutes les industries intérieures, qui, pour la plupart, se rattachent à la grande production agricole, ne vivent que par elle, ne prospèrent qu'avec elle. Chacun prend sa part de la barrique de sucre, personne n'en augmente ni le nombre ni la valeur, et l'agriculture, qui seule la produit, étend ou resserre la richesse du pays, selon la prospérité dont elle jouit ou la misère dont elle souffre.

III

Les éléments constitutifs de la richesse apparaissent peu nombreux.

Il semble ne falloir que porter *au débit* les importations, *au crédit* les exportations, officiellement constatées, pour avoir le bilan exact de la fortune coloniale, à la condition, toutefois, de réduire le *débit* des réexportations et d'augmenter le *crédit* des envois en numéraire ou traites qui couvrent les dépenses du budget métropolitain. Mais non : les petites sociétés dont l'existence embrasse moins d'étendue, dont l'isolement permet des recherches plus complètes, sont cependant soumises, elles aussi, à cette incertitude et à ces altérations qui font de la *balance du commerce* une fiction pour les grands États dont l'immensité des détails défie l'exactitude de toute investigation, dont la multiplicité des rouages du mouvement intérieur et extérieur déjoue la certitude de tout contrôle.

---

(1) Pendant un moment, les vivres du pays contribuèrent à former *la recette*. C'était peu de temps après l'émancipation anglaise. Antigue, notre voisine du nord, manquait de vivres : la Guadeloupe, qui en produisait abondamment, lui envoyait son excédant. Maintenant il y a pénurie à la Guadeloupe, et c'est la Dominique, sa voisine du sud, qui lui vient en aide.

IV

Dans l'année 1857, les prix montèrent rapidement de février à juin (1),
— période de la plus grande exportation des sucres. Les états de douane
présentèrent, à la sortie, un chiffre élevé et une balance favorable. Le
sucre exporté appartenait encore à la colonie : les chargements n'étaient
que des *remises*. Les prix tombèrent en France, de juin à décembre, aussi
vite qu'ils étaient montés à la Guadeloupe. Les expéditeurs-colons, plan-
teurs ou négociants, en subirent une perte considérable ; la faveur de la
balance du commerce de l'année 1857, dûment constatée par les états de
douane, fut renversée par la variation des cours du marché de vente, pour
ne laisser qu'une déception.

Dans la période décennale de 1820 à 1830, les états de douane offrent
une balance constamment favorable. La prospérité de la colonie eût été
très grande, à ne consulter que les chiffres officiels de l'entrée et de la
sortie. Cependant les plaintes incessantes des colons et les remaniements
successifs de la législation (2) des sucres témoignent d'une constante dé-
tresse.

V

Toute industrie réclame un fonds de roulement et des avances toujours relatives à l'importance de la production, qu'elle soit agricole ou
manufacturière : beaucoup produire, c'est beaucoup dépenser ; et quand
il s'agit de rétablir et d'étendre la production, les débours ne se bornent
plus *au fonds de roulement*, ils impliquent des avances plus considérables, qui constituent, le plus ordinairement, une augmentation du capital *engagé*. Les colonies, de 1820 à 1830, eurent à relever leur culture

---

(1) Prix de la bonne 4ᵉ du marché de la Pointe-à-Pître :

    Mars, la moyenne du mois....   36 fr. les 50 kilog.
    Avril............................ 39
    Mai............................. 44 50
    Juin............................ 52

(2) Les lois des 7 juin 1820, 27 juillet 1822, 17 mai 1826, et tous les documents
de cette époque.

Il fut notoirement établi dans les discussions parlementaires, et par la grande
enquête de 1830, que, de 1820 à 1825, le prix de vente des colonies de l'occident
était resté constamment inférieur au prix de revient. C'est à peine s'ils furent
équilibrés de 1826 à 1830.

pour développer leur production. Les efforts tendaient surtout à la reconstitution des *ateliers*. Le recrutement, la *traite des noirs*, cause de la plus grande dépense des colonies, de 1820 à 1830, échappait au contrôle de la douane. On comprend dès lors que les états officiels aient pu donner une balance fallacieuse, sans même avoir à rechercher les évaluations erronnées ou incomplètes, les *plus-values* à l'entrée, pour transport, frais, intérêt et bénéfice, s'ajoutant au prix du marché d'expédition, les *moins-values* à la sortie, par variation et baisse des cours du marché de réalisation ; enfin, et surtout, les *remises* toujours nombreuses pour les dépenses au loin et les bénéfices qui, se plaçant au dehors, ne font pas retour, ou dont le rappel se soustrait aux investigations officielles.

Malgré la grande prospérité que révélait *la balance du commerce*, durant cette période de dix années de l'existence coloniale, les Antilles françaises se constituèrent débitrices envers la métropole d'une dette énorme, et, quand vint le règlement forcé de 1830, cette *balance du commerce*, montrée toujours favorable dans les états de douane, se soldait par un *débit* de *soixante millions de francs*, dont la Guadeloupe avait sa moitié. On sait comment s'en fit la liquidation : la faillite de quelques maisons importantes, des atermoiements, des remises d'intérêts, des abandons de capital, de nombreuses ventes judiciaires, éviction du créancier ou ruine du débiteur, enfin, l'indemnité de 1849, qui n'a peut-être pas soldé tout l'arriéré.

VI

La balance du commerce, considérée abstractivement, alors même qn'elle s'arrête *au commerce spécial* (1), n'est, pour les petits pays comme pour les grands États, qu'un document à consulter : les données en sont trop incomplètes, les valeurs qui l'établissent ont trop d'incertitude, sont soumises à trop de variations, pour qu'elle puisse être produite en preuve de la richesse ou de la pauvreté des sociétés, qu'elles soient grandes ou petites. Il est cependant des chiffres, ressortant des états de douane, qui peuvent s'accepter avec toute certitude. Ainsi, aux colonies, les exportations constatées par la douane, non dans *leurs valeurs* peut-être , mais dans *leurs quantités*, ne sont susceptibles d'aucune contestation.

______

(1) La balance *du commerce général* se complique du *transit* et du mouvement des entrepôts, que celle *du commerce spécial* ne comprend pas.

LA BALANCE DU COMPTE COURANT DU COMMERCE EXTÉRIEUR

I

Il ne faut souvent que changer les mots pour s'entendre sur les choses. Ce n'est cependant pas d'un simple changement de mots qu'il s'agit : *la balance du compte courant du commerce extérieur* est toute autre chose que l'état officiel des importations et des exportations, d'où ressort *la balance du commerce*. Il est facile, en raisonnant sur une double hypothèse, de se convaincre que *la balance du compte courant du commerce extérieur* n'est nullement *la balance officielle du commerce*, que l'une diffère de l'autre, en est même tout l'opposé dans certains cas.

Ainsi, la Guadeloupe produirait beaucoup et consommerait peu ; mais elle aurait à liquider une dette ancienne, ou à *remettre*, pour satisfaire aux dépenses de ses plus riches propriétaires établis au dehors, ou encore à réaliser au loin des fortunes acquises sur place. La plus grande part de ses denrées d'exportation serait faite à ses besoins spéciaux de *remise*, et la plus petite resterait pour répondre aux *retours* des marchandises importées. *La balance du compte courant du commerce extérieur* pourrait se trouver défavorable, tandis que *la balance du commerce*, ressortant de l'excédant des exportations sur les importations, s'offrirait tout à fait favorable.

Dans une situation contraire, et dans cette hypothèse que la Guadeloupe eût au dehors ou un gros *capital* accumulé par une longue prospérité antérieure, ou un grand *crédit* concédé par l'Etat, lui constituant une dette publique dont elle n'aurait à servir que l'intérêt et l'amortissement ; que la Guadeloupe, dans une telle situation *de richesse* ou *de crédit*, s'en servît, soit pour étendre ses cultures au moyen de l'immigration, soit pour améliorer sa fabrication par les procédés nouveaux ou ceux déjà partout appliqués, elle pourrait n'avoir, pendant un certain nombre d'années, qu'une production peu en rapport avec l'étendue de ses dépenses, et cependant le compte courant avec le commerce extérieur, étranger ou national, couvert par le *capital* antérieurement acquis ou le crédit placé au dehors, ne serait point en *débet*, pourrait même offrir une balance favorable, tandis que *la balance du commerce*, établie par la douane, accuserait un déficit.

La balance du commerce peut n'être souvent qu'une fiction ; *la balance du compte courant du commerce extérieur* est toujours une réalité.

II

Mais où chercher la balance du compte courant du commerce extérieur? Comment en établir la certitude, si elle ne ressort pas de la balance du commerce donnée par les états de douane?

Tout n'est pas incertitude dans les chiffres recueillis par la douane. Il s'y trouve des renseignements précis : lorsque des faits certains, d'autres d'une notoriété incontestable, d'autres enfin d'une appréciation facile, s'y rattachent, les renseignements puisés aux sources officielles, étendus et corroborés par ces faits certains, notoires ou simplement appréciables, peuvent alors s'offrir en preuve et concourir à révéler les causes du malaise social.

Ainsi, il est certain que la production des denrées exportables est moindre depuis 1848 qu'antérieurement : les états de douane le constatent, en indiquent le déficit avec certitude. La moyenne annuelle des dix-huit années qui s'écoulèrent de la révolution de juillet à celle de février, de 1830 à 1847, fut de 32,707,170 kilogr. de sucre terré et brut; cette moyenne, pour les onze années qui suivent, de 1848 à 1858, n'est plus que de 20,366,211 kil. de sucre terré et brut : déficit annuel, 12,342,959 kil., et, dans les onze années, 135,472,549 kil., ou *deux cent soixante et onze mille barriques de sucre.* La moyenne de la production du café, dans la première période, fut de 571,554 kil. Elle n'est plus, dans la seconde, que de 215,597 kil. : déficit annuel, 355,957 kil., [soit, dans les onze années, 3,915,527 kil. de café (1).

---

(1) Relevé des états de douane.

SUCRE

Production totale des 18 années, de 1830 à 1847, inclusivement :

Sucre terré.........................kilogr.	505.756	
Sucre brut............................	588.223.203	
		588.728.959

Celle des 11 années, de 1848 à 1858, inclusivement :

Sucre terré......................kilogr.	621	
Sucre brut..........................	224.137.698	
		224.138.319

Moyenne *annuelle* de la première période.........kilogr.	32.709.170
Moyenne *annuelle* de la seconde période................	20.366.211

Déficit *annuel de 1848 à 1858*....................	12.342.959
Déficit *total des onze années*	135.772.549

Soit *deux cent soixante et onze mille cinq cent quarante-cinq barriques,* ci ....b/ques. 271.545

Il est tout aussi certain que l'emploi des engrais exotiques, les tourteaux, le guano, etc., s'est étendu depuis 1848 : les états de douane le constatent (1).

CAFÉ

Production totale de la première période de 18 années (1830 à 1847)...kilogr.	10.287.985
Production totale de la seconde période de 11 années (1848 à 1858)...	2.371.567
Moyenne annuelle de la première période.............kilogr.	571.554
Moyenne annuelle de la seconde période...................	215.597
Déficit annuel de 1848 à 1858	355.957
Déficit total des onze années................................	3.915.527

COTON

Production *annuelle* de 1830 à 1847..................kilogr.	54.377
Production *annuelle* de 1848 à 1858......................	25.577
Déficit annuel..	28.800
Déficit total des onze années	316.800

CACAO

Production annuelle de 1830 à 1847..................kilogr.	11.106
Production annuelle de 1848 à 1858.......................	17.462
Augmentation annuelle.......................................	6.356
Total de l'augmentation dans les onze années................	69.915

MÉLASSE

Exportation *annuelle* de 1830 à 1847..................litres.	1.959.919
Exportation *annuelle* de 1848 à 1858.......................	4.870
Déficit annuel..	1.955.049
Déficit total des onze années................................	21.559.109

TAFIA

Exportation annuelle de 1830 à 1847..................litres.	406.692
Exportation annuelle de 1848 à 1858.......................	626.610
Augmentation *annuelle*......................................	219.918
Augmentation totale des onze années........................	2.419.828

(1) L'emploi des engrais exotiques ne s'est généralisé, n'a pris de l'activité que depuis 1852. Le système de *l'association*, d'abord tenté, n'en permettait guère

Il est notoire que les frais de production et de faisance-valoir se sont augmentés du salaire (1) et de l'immigration (2); que le salaire payé par la production s'applique, presqu'en totalité, aux marchandises importées; que l'immigration emploie des consommations nouvelles et dont l'importance croît avec le chiffre des immigrants.

Il est également notoire que le prix des objets de grande consommation, de nécessité première, s'est élevé, depuis douze ans, dans le mouvement général des affaires, en France comme aux États-Unis et à Porto-Rico (3).

---

la dépense. Il faut donc étendre la première période de 1830 à 1851, et restreindre la seconde de 1852 à 1858.

Moyenne annuelle des engrais exotiques de la première période, 1830 à 1852, valeur de la douane (guano, tourteaux, noir animalisé, guano Derrien, engrais Thomasseau, vieilles morues, etc.). ....Fr.

1852 à 1858, valeur de la douane................................ ....

(1) Le salaire est payé en totalité par le producteur agricole, directement à la campagne, indirectement dans les villes et bourgs. Le salaire annuellement acquitté doit être de 7 à 8 millions de francs.

(2) Le salaire des immigrants peut s'évaluer à 400 francs par an, à tout compter : salaire en argent, nourriture, vêtement, soins médicaux, frais d'hôpital logement et chômage.

(3) Prix des lieux de provenance :

		Avant 1848.	Depuis 1848 jusqu'en 1859.
Mulets.....	de France................ Fr.	210	380
	des États-Unis.................	270	425
Bœufs.....	de travail.. { Porto-Rico...........	189	259
	Sénégal.	50	80
	de boucherie (Porto-Rico) pesant 250 kilog...................	210 pesant 175 k.	259

		Avant 1848.	Depuis 1848 jusqu'en 1857.
États-Unis.	Merrains inspectés.................	95	195
	Aissantes, 22 pouces...............	15 à 16	23 à 24
	Bois de nord, les 1,000 pieds........	70	75
	Bois blanc (en cargaison à la Pointe-à-Pitre).................	90	120 à 130
	Lard..........................	54	80
	Bœuf salé	37	90
	Tabac.......................	25 à 27	55 à 60

Ainsi :

D'une part, la recette de la colonie diminue considérablement, et, dans le même rapport, *le crédit de son compte courant à l'extérieur ;*

D'autre part, la dépense s'accroît, très positivement, de l'achat des engrais, du payement des salaires, de l'immigration, du renchérissement des marchandises que fournit l'importation, et *le débit du compte courant du commerce extérieur* s'en trouve surchargé d'autant.

Augmentation au débit, réduction au crédit : telle est la certitude qui ressort autant des données officielles que de la notoriété du mouvement commercial.

III

Quoique l'appréciation en soit obscure et peu certaine, il serait difficile de ne pas admettre qu'il y a des dettes à payer au dehors ; que certains propriétaires, et des plus riches, y appellent leurs revenus ; que l'éducation des enfants y réclame des fonds ; que l'intercourse enlève plus qu'il n'apporte ; que les économies, les bénéfices accumulés ou réalisés vont encore chercher au loin intérêt et sûreté.

En regard de ces dernières causes d'épuisement à l'intérieur, qui contribuent indirectement *au solde débiteur* si elles n'y concourent directement, s'offrent les ressources du capital *réel* ou du capital *conventionnel*, le *fonds* ou le *crédit*, encore disponibles, soit au dedans, soit au dehors, et d'une appréciation également incertaine ; mais ce qui en laisse crain-

---

		Fret (postérieurement à 1848 jusqu'à 1859)
Fret des États-Unis à la Guadeloupe, qui s'ajoute aux prix des lieux de provenance (taux moyen antérieurement à 1848)...................	54	portés progressivement à 8 et à 8 50
Tourteaux, à Marseille, au début, les 50 kilogrammes...................	5 et 6	
Houille, au Havre (1851 et 1852).................	25 à 27	actuellement (le tonneau) 30 à 32
Noir animal, *idem*...................	24 à 27	*idem* les 50 k. 35
Beurre (1850 et 1851)...................	29	*idem*.... 37
Bougie, *idem*...................	100	*idem*....135 à 140
Avoine (remplaçant souvent la mélasse pour la nourriture des mulets), l'hectolitre...................	6	*idem*.... 9
Vin de côte, la barrique...................	35 à 36	*idem*.... 70 à 80
Vin de Bordeaux, le tonneau...................	180	*idem*....360 à 400
Lard dit de Cherbourg...................	55	*idem*.... 100
Saindoux...................	120	*idem*.... 200

NOTA. La lingerie, les étoffes communes, sont à peu près les seuls articles dont le prix ne se soit pas considérablement augmenté depuis 1848.

dre, ou plutôt en démontre ou l'insuffisance ou l'absence, c'est la pauvreté de *l'offre*, relativement à *la demande* incessante, en présence de l'énorme *plus-value* qui s'attache à la traite pour en exciter l'émission; c'est encore et surtout l'impossibilité d'appeler le numéraire surhaussé, à l'égal de la traite, par les nécessités commerciales qui mènent à la déchéance et bientôt à la faillite.

Toutes ces causes réunies, de déficit à la recette, de surcharge à la dépense, d'épuisement au dedans et d'impuissance au dehors, établiraient incontestablement la défaveur *du compte courant du commerce extérieur*, alors même que l'élévation du change et l'exagération de *la prime* ne la révéleraient avec une énergie toujours croissante.

IV

La plus-value, *la prime*, qu'obtient la lettre de change, *la traite*, n'a de raison d'être que l'obligation de payer au dehors. L'élévation de *la prime* n'en est pas la conséquence nécessaire. Une foule de circonstances en modèrent, en atténuent, jusqu'à en faire cesser *la survalue :* celle-ci n'apparaît qu'avec la difficulté *des remises*, elle ne grandit qu'en raison de la pénurie des valeurs exportables, le *numéraire compris*.

La prime naît d'une première circonstance commerciale : *la balance du compte courant à payer au dehors*.

L'élévation de la prime exige qu'à cette première cisconstance s'en ajoute une seconde : *l'insuffisance des moyens de remise*, denrée, traite ou numéraire,

La prime de la traite, dans sa régularité, ne doit représenter que l'intérêt de l'argent, les frais qu'en coûte et les risques qu'en offre le transport (1).

V

Le solde *du compte courant* que la France doit payer chaque année à l'Angleterre est d'une centaine de millions. Cette somme énorme à *remettre* n'a aucune influence sur le cours du change : il reste dans ses conditions de parfaite régularité. Le mouvement général des affaires établit de nombreuses compensations, fournit de nombreuses occasions, de nombreux moyens de *reprise*. Le courant du numéraire, à l'entrée et à

---

(1) Le cours *normal* de la traite à 90 jours est le *pair*, à la Guadeloupe. La perte de 4 mois d'intérêt représente les 2 0/0 que coûte le déplacement du numéraire, fret, assurance et intérêt.

la sortie, en maintient le niveau, en empêche la *survalue;* et la sûreté des communications, la petite distance des transports en restreignent les risques et les frais. Celui qui, de Paris, veut une traite sur Londres, ne subit qu'une faible commission d'environ 1/2 p. 0/0, la même qui se prélève de Londres à Paris. Elle représente, à peu près, les risques et le coût de déplacement du numéraire de Paris à Londres et de Londres à Paris.

VI

La balance du compte courant du commerce des Antilles avec leur métropole leur fut constamment défavorable de 1820 à 1830, nonobstant les constatations contraires des états de douane. La preuve en ressort de la différence du prix de revient et du prix de vente du sucre, de l'intervention législative, inutilement tentée pour en rétablir l'équilibre, et des documents nombreux qui ont conservé, avec les réclamations des colons, les doléances, les plaintes incessantes des ports de mer. Dans cette période de l'existence coloniale, dont l'élan semblait promettre une prospérité que le temps n'a pas donnée pendant ces dix années qui s'écoulèrent de 1820 à 1830, des bénéfices particuliers s'étaient, sans nul doute, réalisés en dehors du mouvement général qui entraînait le pays au déficit ; des fortunes avaient pu se constituer dans les professions libérales, les offices ministériels, le négoce, les industries spéciales et même dans la grande industrie agricole. Ces bénéfices réalisés et ces fortunes acquises ne se capitalisèrent pas sur place, durent s'éloigner pour fructifier au dehors, alors comme toujours. Les propriétaires absents réclamèrent l'envoi de leurs revenus, des familles nombreuses eurent à pourvoir aux frais de l'éducation des enfants, à subvenir à l'existence de ceux de leurs membres que les plaisirs ou les affaires retenaient au loin. Ces causes si nombreuses, si importantes de dépense, qui échappent au contrôle de la douane et font de la *balance commerciale* une fiction, aux colonies comme partout, absorbaient une grande partie des valeurs exportables, réduisaient considérablement les moyens de *remise,* ne laissaient qu'un solde insuffisant de *produits,* de *denrées exportables,* pour répondre aux importations de l'étranger et payer la métropole de ses envois. De là, le *découvert,* la dette de 30 millions, part de la Guadeloupe dans la balance du compte courant du commerce métropolitain, arrêté aux journées de juillet.

VII

Cette balance du compte débiteur ne fut pas celle d'une année. L'augmentation annuelle de la balance du compte courant de la colonie avec la métropole impliquant une obligation *incessante de remise* qui, ne pouvant être remplie en denrées, aurait dû provoquer, conformément à la loi ordinaire des échanges et du commerce extérieur, ou la sortie du numéraire, ou la demande de la traite, ou le rappel du capital acquis par le travail, accumulé par l'économie, s'il eût été placé au dehors avec possibilité de revenir. La rareté, la pénurie, le manque absolu de numéraire national sont notoires; les motifs de l'ordonnance du 30 août 1826 s'en étaient prévalus. Le numéraire étranger, *surhaussé*, était trop cher et pas assez abondant pour les retours auxquels la denrée ne suffisait pas : la perte eût été de 7 1/2 0/0 (1); le cours de toutes les valeurs exportables, *la traite comprise*, eût été surhaussé de 7 0/0, en vertu de la loi d'équilibre commercial.

VIII

Si, de 1820 à 1830, la *prime* n'apparaît pas, si l'élévation du change ne révèle pas le solde débiteur du compte courant du commerce, la raison en est fort simple : il ne faut la chercher que dans la dette commerciale accumulée pendant ces dix années, et elle se trouve dans les abondantes *provisions* formées du *crédit* qu'accordait la métropole (2). Il n'y avait pas, en effet, beaucoup à se préoccuper des moyens de faire les *remises*, coûte que coûte, ainsi que le veut la loi inexorable du commerce, puisque le vendeur ou l'expéditeur était en même temps le *bailleur de fonds*. Les envois se balançaient donc en partie par les denrées exportées, et, après épuisement des valeurs exportables, le solde débiteur était porté *à nouveau* au crédit du compte courant.

IX

Les colonies anglaises se trouvent encore dans la situation commerciale des colonies françaises, de 1820 à 1830. Elles ont un crédit toujours ouvert dans leur métropole. De là cette absence de la *prime* qui se retrouve sur tous les marchés, dans les colonies qui ont cessé de produire des denrées d'exportation et dans celles qui en produisent encore. La modéra-

---

(1) 5 0/0 de différence entre le cours métropolitain et le cours commercial, plus 2 1/2 0/0 représentant l'intérêt, le coût et les risques du transport. Le *temps* compté alors était de 5 au lieu de 4 mois qu'il est maintenant.

(2) Ces *provisions*, se formant de la *dette*, évitèrent aux Antilles une *crise commerciale* après la promulgation de l'ordonnance du 30 août 1826, qui n'entraîna dès lors qu'une *gêne monétaire*.

tion et l'uniformité du change, à la Dominique comme à la Barbade, tiennent uniquement aux *provisions* métropolitaines, toujours préparées pour couvrir les déficits coloniaux. On ne peut avoir oublié la part qu'ils eurent dans la crise commerciale qui se termina, en Angleterre, par les nombreuses faillites de 1847 (1), faillites dont les maisons opérant avec les *Indes occidentales*, surtout à la Jamaïque, présentèrent les chiffres les plus élevés.

Les banques locales ne sont que les intermédiaires entre la production coloniale et le *crédit* métropolitain qui la vérifie. Reliées en faisceau à un centre commun dont le siége est à Londres, elles peuvent donner plus de facilité aux rapports des colonies entre elles et avec leur métropole, en aplanir les aspérités, sans toutefois en modifier, en changer la nature. *Le papier de circulation* hors le territoire de l'établissement qui l'émet, le billet de banque envoyé au dehors n'est plus qu'un mandat au porteur et à vue, dont le payement suppose toujours une *provision* préalable ou un *crédit* qui y supplée.

X

La France, dans ses rapports avec l'Angleterre, la Guadeloupe elle-même, pendant une longue période antérieure, et les Antilles anglaises, dont quelques-unes, sinon toutes, sont certainement en *débet*, offrent le cours du change à l'état normal, nonobstant la défaveur de *la balance du compte courant du commerce extérieur*. Ces trois exemples, qui peuvent se retrouver ailleurs, démontrent que la seconde condition, celle qui cause l'élévation de la prime, manque, si la première, celle qui en fait l'origine, existe ; que la France, dans l'étendue de son mouvement commercial, les Antilles anglaises, dans *les provisions* toutes faites *du crédit* métropolitain, ont des moyens *de remise* suffisants, et que la Guadeloupe a eu le même avantage de 1820 à 1830.

XI

La prime naît du solde à payer à l'extérieur ; mais la double situation du solde à payer et de la pénurie des valeurs exportables est nécessaire pour en expliquer *l'élévation* ; et c'est le second terme de cette de cette situation commerciale, — *la pénurie des valeurs exportables*, — qui, en se prolongeant, conduit *à l'exagération du change*.

La pénurie des valeurs exportables — denrée, traite et numéraire — n'offre aucun doute à la Guadeloupe, ne demande aucune preuve : l'évi-

---

(1) Elles furent de plus de 20 millions de livres sterling.

dence en dispense. *L'élévation* de la prime, *la survalue*, *l'exagération* du change sont notoires, la persistance en est officiellement constatée : *la défaveur de la balance du compte courant du commerce extérieur* en ressort avec autant de certitude que si le chiffre en pouvait être produit.

Donc, la colonie doit au commerce métropolitain, et, sans se libérer, elle épuise tout, denrée, traite et numéraire.

Cet épuisement du pays, ces embarras du commerce, cette gêne du mouvement extérieur, dont les esprits les moins enclins au découragement se préoccupent avec anxiété, ne date pas d'hier, pas plus que les 30 millions du solde débiteur du compte arrêté en 1830, ne furent l'œuvre instantanée de la révolution de juillet. Antérieurement à 1852, l'incertitude de l'avenir, en présence de l'anarchie, avait tout paralysé, tout arrêté : la Guadeloupe, en 1848, vivait du passé. De 1849 à 1851, elle a vécu, sur les fonds de l'indemnité, avec les deux millions, *en écus de 5 francs*, prélevés en faveur de la misère et jetés en aumône à la pauvreté des colons. La production ne faisait encore aucun effort, ne se laissait entraîner à aucune dépense. Tout se détériorait, tout s'affaissait; et quand le rétablissement de l'ordre vint rendre la confiance et redonner du ressort à la production, il fallut s'occuper de tout restaurer, de tout relever. La dépense, pour produire, commence à s'étendre en 1852, malheureusement plus vite que *la recette* ne grossit. En 1853, de février à juin, les fonds tirés de France sur le capital de la Banque et les arrérages de son inscription de rente; en 1853-54, les deux millions perçus des coupons de divisions (1), donnent des *provisions* qui atténuent la balance du compte extérieur; et cependant, dès 1853, *la traite* n'est plus dans ses conditions normales ; *la survalue de la prime* apparaît ; elle révèle que le *découvert* commence (2). La tendance du change à s'élever ne s'est jamais arrêtée depuis 1852. A peine si, par de rares intervalles, au moment de la plus grande abondance des produits exportables, s'est-elle ralentie ; mais ce

---

(1) Du 1er août 1853 jusqu'au 30 juin dernier, il a été remboursé une somme de... 1,832,716 61

Il reste à payer, comme on le voit, d'après l'état de situation à cette dernière date... 84,677 39

Total................ 1,917,394 00

(Rapport du directeur, du 22 juillet 1854, page 10.)

(2) Le compte rendu des opérations de la Banque, de février à juin 1853, constate que la prime est au moins de 2 1/2 0/0, *en pleine récolte.*

Il ne faut pas oublier que le pair est l'état normal de la traite. (Voir la note 1 de la page 38.)

fut pour reparaître aussitôt avec une recrudescence qui ne semble plus avoir de limites (1).

Le découvert du compte courant du commerce extérieur, là est la cause du mal dont souffre la Guadeloupe ; là est le gouffre béant du déficit qui engloutit tout, traite, denrée et numéraire.

XII

La facilité que donne le papier de circulation pour le règlement des transactions, à l'intérieur, a pu cacher le mal à son origine et en dissimuler les progrès ; l'illusion s'est faite et s'est prolongée : — prétendre qu'il y a déficit, a-t-on pu longtemps dire... Mais toutes les marchandises importées sont vendues, consommées et payées. Le prix en est dans la caisse des vendeurs. — Les marchandises importées ont été vendues, sans nul doute, et utilement consommées. Si l'acheteur avait payé par ses propres ressources, c'est-à-dire en numéraire, en denrées ou en traites tirées sur les *provisions* faites au dehors, sur un *capital* disponible ou un *crédit* à découvert, il n'y aurait aucun embarras commercial ; *les remises* seraient faciles et *la prime* à son taux normal. Les vendeurs ont reçu, peut-être, le prix des marchandises qu'ils ont livrées, mais les acheteurs ne l'ont payé qu'avec *le crédit local* dont le signe, *le papier de circulation*, n'a pas cours à l'extérieur.

Tel est le grief contre la Banque ; source de *ce crédit*, dispensatrice de *ce papier*, elle est mise en cause et citée à la barre de l'opinion.

LA BANQUE

I

Les conséquences du bill de 1838 furent atténuées par la double indemnité qu'obtinrent les colonies anglaises, l'une directement payée

---

(1) La première, celle que paya le Trésor, fut de 500 millions ; la seconde, celle que supporta le consommateur anglais, ne fut pas évaluée à moins de 80 millions de livres sterling, soit 2 milliards. Ce dernier chiffre est celui admis dans les discussions du Parlement, notamment par lord Stanley, aujourd'hui comte de Derby, alors ministre des colonies.

par le Trésor, et ce fut la moindre; l'autre, et la plus considérable, indirectement concédée par la protection des tarifs (1).

Il fut toujours admis qu'à une *juste* indemnité devait se rattacher le succès de la transformation du travail aux colonies françaises (2).

Il fallait un capital à défaut de crédit, dont l'évanouissement était certain, pour permettre de traverser la période, plus ou moins longue, de l'amoindrissement de la production, lui donner la possibilité de se relever de son affaissement et lui en laisser le temps.

La faible indemnité, si difficilement obtenue en 1849, et précisément à cause de son insuffisance, aurait dû constituer un capital colonial, *un fonds collectif,* plutôt qu'une *propriété individuelle,* non pas cependant qu'elle dût être *insaissable* ou *inaliénable.* Il n'y avait aucune nécessité de modifier les rapports de justice du débiteur au créancier, et l'emploi utile du capital en requérait nécessairement le mouvement. La répartition de l'indemnité devait rester dans le droit commun. La constitution du *capital* par *actions au porteur* ou *transférables* à volonté, en eût permis la libre, l'active circulation.

Cette pensée ne fit qu'apparaître. Elle fut combattue et repoussée par des intérêts sans confiance dans l'avenir, ne voyant dans l'indemnité, quelle qu'elle fût, qu'un débris de la fortune coloniale à sauver d'un naufrage qui semblait devoir tout engloutir. Ces intérêts *craintifs* étaient les plus nombreux : ils l'emportèrent sur quelques intérêts *prévoyants,* dont l'intérêt fut d'un poids trop léger dans la balance des destinées coloniales.

Les saines doctrines de l'économie politique ne furent cependant pas abandonnées sans être défendues, et des débats sortit une transaction : l'établissement des banques coloniales en fut la réalisation.

II

Le huitième de l'indemnité fut réservé pour fonder le *crédit* intérieur, et permettre à la Guadeloupe de se soutenir en l'absence du *crédit* extérieur dont le retrait se présumait. Il ne s'agissait que de l'*escompte* des effets de commerce, croyait-on : le *prêt sur récoltes,* d'un succès ou trop

---

(1) La traite, 14 0/0, très rare; le numéraire français, le numéraire étranger, même le billon, tout manque. (*Gazette officielle* du **28** octobre, bulletin du cours du change.) Le taux était de **15** 0/0 au tirage du dernier packet, le **11** novembre.

(2) Voir les procès-verbaux des séances du Conseil colonial, notamment celui de la séance du 1er juillet 1840, et les discussions de la première session de la troisième législation, du 5 novembre 1840 au 5 janvier 1841.

difficile ou trop chanceux, ne semblait apparaître que pour mémoire (1).
Cette part de 5 millions, sur les 40 millions afférents à la Guadeloupe,
trouvée exagérée, fut réduite de près de la moitié, à la sollicitation des
mêmes intérêts *craintifs*, dont la confiance n'avait eu garde de se réveil-
ler au bruit de l'écroulement de l'ancien édifice colonial que l'ébranle-
ment de 1848 venait de renverser (2).

Trois millions, sauvés par la Banque, sont tout ce qu'il est resté de
l'indemnité allouée par la république. Les 37 millions livrés à la propriété
individuelle ont pu préserver de bien des misères ; mais, emporté par la
dette, dévoré par des besoins ou des procès, le capital qui aurait pu s'en
former n'existe plus, n'agit pas, n'est d'aucun concours dans le mouvement de reconstruction du travail colonial sur les bases de la liberté civile.

III

Toute production exige un *fonds de roulement* plus ou moins considérable, selon qu'elle s'étend ou se resserre, c'est-à-dire que l'industrie ad-
joint au capital qu'elle *immobilise* un capital *mobile* chargé de le faire
fructifier : sans le capital *roulant*, le capital *engagé* demeure improductif.

L'agriculture, la plus importante des industries, réclame des avances,
un *fonds de roulement* à longue échéance. Il faut du temps pour prépa-
rer et améliorer le sol, semer et récolter, enfin réaliser les fruits. L'agriculture coloniale est, entre toutes les industries, celle dont la rentrée des
avances se fait le plus attendre, dont le *capital mobile* prend relativement
le plus d'extension, parce que le roulement de la culture coloniale est de
trois années consécutives, et que la fabrication du sucre, unie à la culture de la canne, cause des frais doubles, les uns pour le travail de la
terre, les autres pour les besoins de la manufacture.

VI

Quand l'industrie se ralentit, que l'insuffisance ou le manque du *fonds*
de roulement en paralyse, en arrête le bénéfice, le *capital engagé* cesse
d'être entretenu, se détériore, s'amoindrit ; et quand les circonstances

---

(1) Il fut en effet longtemps à s'établir à la Martinique, et le développement en
fut lent, mais heureusement progressif à la Guadeloupe.

(2) Le capital des banques, de 5 millions fut réduit à 3 millions, et l'on ne
peut avoir oublié que les titulaires des coupons de ce capital s'empressaient de
les vendre, même à 50 0/0 de perte.

permettent une reprise, sollicitent un effort, il faut alors rétablir le *capital engagé* dans ses conditions premières, ou même en augmenter l'importance par l'adjonction d'éléments nouveaux et plus puissants que réclament l'essor et le progrès de l'industrie qui renaît et se développe.

V

La confiance disparut à la Guadeloupe après la révolution de 1848, et avec elle le *crédit*. Les avances manquèrent. La production se ralentit, s'arrêta presque (1). L'absence du capital mobile réagit sur le capital immobilisé : le capital *engagé*, devenu improductif par l'insuffisance du capital *roulant*, ne fut plus entretenu, se détériora et s'amoindrit.

L'ordre se rétablit aux colonies en 1853, aussitôt après que le principe d'autorité eut été restauré dans la métropole, en décembre 1852, et, avec l'ordre, revint le besoin de relever la production de sa défaillance. Mais le retour de l'ordre avait ramené la confiance à l'intérieur, sans rappeler le *crédit*, que les colonies avaient perdu pour longtemps. Où trouver, dès lors, *le fonds de roulement* dans la mesure progressive des produits? où prendre *les avances* à long terme, pour replacer *le capital engagé* dans ses conditions premières, lui restituer la puissance productive que l'épuisement de toutes les ressources lui avait ôtée ? Les premières *avances*, si nécessaires pour rendre à la production le mouvement avec la vie, *le fonds de roulement* qu'il eût été inutile de demander au *crédit extérieur*, la Banque les donna : tel est l'immense service de son institution à la Guadeloupe. La modicité de son capital *réel* ne lui en eût pas laissé la possibilité, sans l'adjonction d'un capital *conventionnel*, dont l'élasticité résulte de son papier de circulation, signe et agent du *crédit intérieur* qu'elle constitua.

Grâce à la Banque, la production put sortir de la limite étroite dans laquelle l'impuissance du *capital immobilisé* l'eût maintenue, longtemps encore après que l'anarchie eut cessé de l'y renfermer (2).

Le commerce local, la période du trouble passée et le premier élan

---

(1) Exportations de la Guadeloupe :

      1847 : 37,994,832 kilogrammes de sucre terré et brut.
      1848 : 20,453,842   —
      1849 : 17,709,056   —
      1850 : 12,897,205   —

(2) Production en 1851 : 20,046,039 kilogrammes de sucre.
    —   1852 : 17,291,774 *idem.*
    —   1853 : 16,660,821 *idem.*

donné, mit son avoir au service du pays, y engagea toutes ses ressources, lia résolûment son avenir à celui de la production agricole. Le capital *conventionnel* introduit par la Banque s'ajouta au capital *réel* que possédait le commerce local, pour acquitter le salaire, acheter des engrais et commencer l'immigration.

La colonie sentit qu'elle se relevait de sa chute (1).

VI

Le capital dont disposait le commerce local s'est *immobilisé*. Il ne peut se retirer de la production agricole à laquelle il s'est consacré, car l'augmentation des produits, ne couvrant même pas l'augmentation des dépenses, ne laisse aucune possibilité de rembourser sur *le revenu* les avances qui les ont permises.

Il ne se trouve pas à la Guadeloupe de capitaux libres cherchant, demandant à se placer dans la propriété foncière. La saisie immobilière ne rend pas la disponibilité du *fonds*. Les criées judiciaires, et même les ventes qui, exceptionnellement, se traitent de gré à gré, n'ont pas pour résultat, comme ailleurs, d'appeler des capitaux au secours du commerce pour en renouveler les ressources et en entretenir l'activité (2). Les ventes d'immeubles, qu'elles soient volontaires ou forcées, sont un changement de mains, nullement une circulation de valeurs. Si la propriété foncière, au lieu d'être prise en payement de la balance due au négociant, ou par le premier des créanciers inscrits dans l'ordre hypothécaire, pouvait se vendre, s'il se présentait pour l'acheter, même au rabais, des valeurs ayant cours dans la circulation, — numéraire ou traite, — les avances faisant retour au *capital roulant* par la réalisation, volontaire ou forcée, des propriétés dont les produits ne couvriraient pas les dépenses, le commerce ne serait ni entravé, ni ralenti dans *la sortie* et *la rentrée* des fonds qui en constituent l'existence. Le premier essor, le progrès ascensionnel de la production pourraient se continuer au milieu,

---

(1) Production de 1854 : 23,558,332 kilogrammes sucre brut et terré,

      —   1855 : 22,157,871 *idem.*
      —   1856 : 22,507,843 *idem.*
      —   1857 : 22,462,680 *idem.*
      —   1858 : 28,294,404 *idem.*

(2) Partout où se trouvent des capitaux libres, le prêt sur hypothèque et les ventes, forcées ou volontaires, en grevant et libérant tour à tour la propriété territoriale, en constituant le *fonds de roulement*, le renouvellent, en permettent l'extension, et celle aussi *du capital* qui s'y est déjà *engagé.*

peut-être, de beaucoup de ruines. Mais le déplacement de la propriété, quel qu'en soit le mode, a les mêmes inconvénients pour les positions individuelles. *Le changement de main* ruine le propriétaire déplacé, ainsi que *la vente,* sans en avoir les avantages au point de vue de la richesse générale. À la Guadeloupe, le fonds, à défaut du revenu qui n'apparaît pas encore, répond de la dette et l'acquitte sans néanmoins l'éteindre, sans rendre le mouvement au capital qu'elle continue *d'immobiliser.*

Ainsi, l'immobilisation du *fonds de roulement* du commerce local, absorbé dans la propriété territoriale, et l'absence de capitaux libres pour imprimer à celle-ci le mouvement qu'elle doit en recevoir, telles sont les graves difficultés dont se complique *la balance défavorable du compte courant du commerce extérieur.*

VII

L'épuisement du commerce local allait en arrêter les avances ; la Banque lui vint en aide. Il y trouva un *fonds de roulement* dont le renouvellement, profitant indirectement à l'agriculture, permit de continuer le mouvement de la production redevenu progressif. Bientôt le concours direct qu'obtint la propriété territoriale, sous la forme *du prêt sur récolte,* allégea la dette dont le poids gênait, compromettait *le crédit commercial.* La sûreté du prêt sur récolte, l'extension qu'il a prise, le développement dont il serait susceptible en raison et dans le rapport de celui de la production, font regretter la réduction du capital de la Banque dont toute l'importance ne fut peut-être pas suffisamment comprise.

VIII

Quand la révolution sociale que subissaient les colonies françaises se compliquait et s'aggravait d'une révolution politique ; que l'anarchie renchérissait, en l'amoindrissant, la production placée en présence d'une concurrence longtemps privilégiée, et à laquelle le système colonial, toujours rigoureusement maintenu, ne laissait aucune possibilité de se soustraire ; que le *crédit* extérieur avait disparu ; que le capital, représenté par la propriété immobilière, — le seul qui ne pût être emporté,— était déprécié jusqu'à n'avoir plus même de valeur nominale, la mission de rappeler la confiance qui s'était enfuie, de fonder sur elle le *crédit intérieur,* en le sortant de l'étroite limite et des conditions onéreuses de l'intérêt privé, fut réservée à une faible part de la faible indemnité, donnée et distribuée comme une aumône individuelle, plutôt que cóncédée dans une pensée d'utilité générale.

C'était à ne pas y croire; aussi, que de défaillances (1)!

Cependant, cette mission si difficile, impossible dans l'opinion de beaucoup d'intérêts qu'elle devait sauvegarder, la Banque l'a accomplie.

IX.

Les banques sont chargées d'entretenir au dedans, d'élargir à l'intérieur le mouvemement de la richesse. Elles se ralentissent, suspendent même l'action qui leur est propre, quand le commerce, entravé dans sa marche ou détourné de ses voies pendant certains moments, tend à les entraîner au dehors, les pousse à l'extérieur avec le capital *en numéraire* dont l'amoindrissement les compromet (2). La mission des banques de circulation s'arrête à la frontière avec *leur* crédit dont le papier est le signe exclusivement intérieur (3). Le danger, pour elles, est dans l'obligation *du remboursement à vue*. Il naît avec les circonstances commerciales qui rompent momentanément l'équilibre de l'entrée et de la sortie des valeurs métalliques, et grandit quand elles persistent.

Ce danger ne put être inaperçu, quand il se fut agi de l'établissement des banques coloniales, appelées à rendre le mouvement aux affaires, en fondant *le crédit*, avec un faible capital, dans des pays qui n'avaient pas de circulation monétaire en propre, où les valeurs métalliques, tirées de l'extérieur, dans une mesure toujours insuffisante, n'avaient jamais répondu qu'à grand'peine aux besoins du commerce, qu'entravait souvent la rareté du numéraire : de là, l'hésitation qui s'en tint néanmoins au cours légal, après avoir failli se fixer au cours forcé (4).

X

Le danger s'est montré, est devenu pressant, et la banque de la Guadeloupe en eût été arrêtée, peut-être, sans l'appui de l'opinion qui la soutient encore.

---

(1) Les coupons de la Banque offerts à 50 et même 75 0/0 de perte, ne trouvaient que des preneurs hésitant, n'ayant que peu de confiance dans l'énorme bénéfice qu'ils réalisèrent.

(2) A cela, point d'exception. Les exemples ont été donnés en preuve par toutes les banques d'Europe et d'Amérique, aussi bien celles d'Angleterre et de France que celles des États-Unis.

(3) La puissance extérieure de la Banque de France n'est autre que celle de la maison Rothschild, par exemple, et ne repose que sur la sûreté, la solidité de la *signature commerciale*.

(4) Consulter les discussions et les documents relatifs à l'établissement des banques coloniales.

Le billet de circulation encourt la responsabilité de la prime des traites et celle de la plus-value du numéraire. — La pièce de vingt francs s'achète-t-elle vingt-deux francs ? donc le billet de cent francs ne vaut plus que quatre-vingt-dix francs. *La prime* de la traite a-t-elle atteint le taux exorbitant de 15 0|0, quin'en paraît pas le dernier terme ? donc le papier de circulation n'est plus qu'un chiffon. Que la Banque rembourse ses billets à présentation, *en espèces métalliques*, et la traite sera au pair, et le métal n'aura plus que son cours légal. — Là est, en effet, la difficulté ; prétendre y trouver le moyen de faire cesser les embarras du commerce extérieur, c'est résoudre la question par la question, et commettre ce qui, en logique, se qualifie *pétition de principe*.

XI

D'autres opinions, moins absolues, moins tranchées, ont foi dans le cours légal du doublon à 86 fr. 40 cent., pour faciliter *le remboursement à présentation*, et abaisser la prime au taux de 5 0/0 que la présence du doublon surhaussé ne lui eût pas permis d'excéder.

C'est trop accorder, sans nul doute, au savoir-faire, à l'habileté des *virements*, que de leur attribuer le pouvoir de changer le fond même des affaires pour en finir les embarras. Il peut cependant n'être pas sans utilité de se placer dans toutes les hypothèses et d'examiner, *à priori*, le parti que la Banque pourrait tirer du rappel du décret du 23 avril, pour accomplir, à l'avantage du pays et sans danger pour elle, la redoutable mission de suffire aux besoins, de répondre aux exigences du mouvement extérieur du commerce.

Le capital de la Banque était de 3 millions. Il n'est plus que de 1,317,177 fr. 07 cent. (1) en inscription du Grand-Livre, au cours de 95 0/0, soit 1,251,318 fr. 32 cent., dont elle peut encore disposer.

L'achat du doublon à 82 francs, cours moyen de sa valeur commer-

---

(1) Situation de la Banque de la Guadeloupe, arrêté le 31 octobre au soir (*Avenir* du 12 novembre 1859) :

Passif. Caisse des dépôts et consignations.................	628.051 25
Banque de France (sur dépôts de rente).............	1.000.000 00
— compte de dispositions..........	105.367 47
	1.733.418 72
Actif. Banque de France, compte courant.................	50.595 99
Balance.............	1.682.822 73
Reste du capital.................	1.317.177 07
	3.000.000 00

ciale à Paris, la commission et le courtage, les assurances, le fret et
l'intérêt de deux mois, en élèveraient le prix de revient à 85 fr. (1). Le
bénéfice de la première opération serait de 1 fr. 40 cent. par doublon,
moins de 1 3/4 0/0 de la facture d'achat.

La Banque, après avoir inscrit au frontispice de son hôtel le remboursement de ses billets à présentation, *en numéraire*, pour répondre aux
nécessités pressantes du commerce extérieur, national et étranger, ne
serait pas longtemps à vider son encaisse. Les 1,250,000 francs de doublons, mis en circulation, disparus tout aussitôt en tombant dans ce
gouffre du déficit commercial, sans le pouvoir combler, réagiraient-ils
sur *la prime* pour en réduire le taux ? Les expériences déjà tentées par la
Banque elle-même démontrent le contraire (2). Il y aurait, pour la Banque, obligation incessante d'achat de traites pour le renouvellement de
son numéraire incessamment épuisé. Le besoin de valeurs exportables
n'en serait pas moins étendu, moins vivement senti, l'offre n'en continuerait pas moins de faire défaut à la demande, et les difficultés ne seraient
nullement atténuées, parce que la Banque y aurait part au lieu d'en
laisser tout le poids au commerce.

Eh bien ! qu'il soit admis, contre toute probabilité, que la circulation
des doublons, en échange des billets, fût constante, sans interruption ;
que la Banque parvînt à la maintenir sans lacune dans son propre intérêt, *la prime* s'abaisserait alors, descendrait pour se fixer au taux de
5 0/0, représentant la perte qu'offrirait la remise en doublons surhaussés
à 86 fr. 40 c. La Banque achèterait donc des traites à la prime de 5 0/0,
lui constituant une perte de 7 0/0 à la sortie, l'intérêt compris (3), contre
le profit de 1 3/4 que lui donneraient, à l'entrée, les doublons qu'elle devrait continuellement importer.

A de telles opérations d'un renouvellement mensuel, le terme fatal de

---

(1) Prix d'achat.. 82 00
   Commission et courtage, 1 0/0...................... 0 82
   Fret et assurances, 1 1/2 0/0 au moins............ 1 23
   Intérêts de 2 mois sur 84 fr. 05 cent., 1 0/0.......... 0 85

                          Prix de revient... Fr.   84 90

(2) Les premières émissions sur la Banque de France, de février à juin 1853,
montant à 1,350,632 fr., le tirage de juillet 1853 à juin 1854, qui fut de
5,180,376 francs, et les dernières dispositions qui ont offert 500,000 fr. au
commerce, n'ont été d'aucune influence marquée sur le cours du change, ont
tout au plus et momentanément ralenti, sans l'avoir arrêté, le mouvement toujours ascendant de *la prime.*

(3) L'intérêt compris de 4 mois, du jour du tirage au jour de l'encaissement.

la liquidation par la faillite pourrait facilement se prévoir et se déterminer.

XII

La Banque, dominée, il est vrai, par les obligations de ses statuts, n'a déjà que trop cédé, tantôt aux exigences administratives qu'il lui a fallu subir, tantôt aux demandes du commerce dont les besoins invoquaient sa sollicitude. L'état de situation, publié chaque mois, continue d'accuser un capital de 3 millions, auquel s'ajoute une réserve de plus de 500,000 francs (1), mais ce n'est qu'un mode de comptabilité : le capital de la Banque n'est plus, en réalité, que de 1,250,000 francs (2), et le fonds de réserve n'est d'aucun surcroît de garantie, tant qu'il se trouve engagé dans le mouvement des affaires courantes. *Le billet de circulation* n'offre aucun motif de dépréciation : le remboursement en est certain (3). La même certitude ne ressort pas avec une égale évidence du bilan mensuel, quant au remboursement intégral du fonds social. Ainsi peut s'expliquer la baisse des *actions*, tombées de 650 à 600 francs, nonobstant les circonstances qui auraient dû en continuer la hausse (4).

---

(1) 513,091 fr. 17 cent.

(2) 1,317,177 fr. 07 cent. en inscription de rente au cours de 95 pour cent.

Les banques doivent opérer avec leur *crédit*. Le *capital* est une garantie qu'elles doivent conserver toujours intacte : quand elles l'entament, elles se compromettent ; quand elles l'ont épuisé, elles sont en danger.

(3) État de situation au 21 octobre 1859 :

Passif. Billets en circulation.	4.475.200 00
Comptes courants créditeurs	977.188 51
Récépissés payables à vue	21.903 85
Passif exigible	5.474.292 36

Cette valeur est garantie par :

1° Le capital réduit à	1.251.318 32
2° Le compte courant de la Banque de France débiteur	50.595 79
3° L'encaisse métallique	1.802.781 81
4° Les prêts sur nantissement, dont la rentrée est sûre	352.101 03
5° Les prêts sur récolte d'une rentrée non moins certaine	2.609.994 10
	6.066.791 05

(4) Ces circonstances sont la difficulté *des remises* et l'élévation de *la prime*, qui soumettent tout placement extérieur à une perte préalable. Les économies qui se font, les petits bénéfices qui s'accumulent recherchaient, en conséquence, les actions de la Banque. Ces économies et ces bénéfices, loin de s'en écarter, de-

XIII

La Banque serait-elle donc fatalement placée entre la liquidation ou le cours forcé ? Oui, si elle est maintenue dans l'obligation de constamment puiser son *encaisse* aux sources éloignées d'où sort le *numéraire,* pour en vider incessamment le contenu dans le mouvement commercial qui le pousse en dehors. Non, s'il lui est offert le moyen d'en toujours conserver le niveau, en s'alimentant dans la circulation monétaire du pays où elle opère.

Il faut se le dire et en être convaincu, la colonie ne pourra de long-temps se soustraire à la nécessité de suppléer au manque de numéraire par une monnaie fiduciaire. Le système des *bons* du Trésor devra se continuer. Il n'y a point à s'en affliger, car la colonie peut en tirer des ressources et la Banque y trouver sa sûreté. Il ne s'agit que de l'améliorer et de l'étendre pour en obtenir les avantages qu'il peut donner.

L'inconvénient de la monnaie fiduciaire de papier, fractionnée par *très petites coupures,* en est le peu de durée et la facile destruction, la nécessité d'un renouvellement fréquent, la difficulté d'y suffire à cause des nombreuses signatures et du temps considérable qu'elles exigent. Que le papier soit donc remplacé par *un métal* de nulle valeur relativement au poids de la matière monnayée, le fer, par exemple, s'il est possible de le soustraire à l'oxidation par un alliage. Les découvertes de la science permettent avec tant de facilité la contrefaçon de la gravure, le transport d'une empreinte, que la perfection du coin gouvernemental doit offrir autant de garantie, au moins, que celle de la planche officielle. Le fractionnement *du papier* en coupures de 1, 2, 5 et 10 francs, s'explique par le besoin de réduire le temps consacré aux signatures. Ces fractions deviennent sans objet : le jeton d'un franc et le jeton de cinq centimes (1), deux coins et le même métal, tel serait le matériel monétaire de la circulation intérieure.

La facilité des émissions permettrait d'en mesurer l'étendue à celle des besoins, et l'agriculture serait exonérée du lourd impôt qu'elle paye à l'agiotage (2), et la Banque y trouverait la formation de son encaisse

---

vraient au contraire s'y rattacher plus fortement, en raison des mêmes circonstances de plus en plus défavorables *aux remises.* L'affaiblissement de la confiance dans la sûreté du placement intérieur peut donc seul expliquer le mouvement rétrograde du cours *des actions* de la Banque.

(1) La pièce fiduciaire d'un franc tenterait moins la contrefaçon que celle de *cinq* ou *dix* francs.

(2) *La prime* qu'obtient le petit papier est de 2 à 3 0/0. Elle s'est élevée jus-

dont le renouvellement ne lui serait d'aucun embarras, ne lui coûterait aucun préjudice, ne lui susciterait aucun danger, alors même que le mouvement devrait en être incessant, pour décourager l'agio et suffire à tout, — au salaire et au détail des transactions.

XIV

La sûreté d'une monnaie fiduciaire et la confiance qui en est la conséquence, se lient à la garantie certaine qu'offrent les valeurs dont elle est *le signe* circulant. Il est donc bien entendu que le montant total de l'émission de la monnaie fiduciaire — papier ou métal — aura sa contrevaleur intégrale, conservée en toute sûreté sous la surveillance de l'État.

Si l'avantage d'une monnaie de nulle valeur par elle-même, dès lors inexportable, est de pourvoir au mouvement de la circulation intérieure qu'entrave, que peut arrêter la sortie incessante du numéraire, dont l'entrée ne remplit pas le vide, le profit en est, peut du moins se trouver dans la disponibilité du numéraire qu'elle remplace. Il n'est certes d'aucune utilité, il ne peut y avoir aucune nécessité que la contre-valeur métallique en soit renfermée dans la caisse du trésor colonial. Elle serait tout aussi solidement garantie dans la métropole, soit à la Caisse des dépôts et consignations ou en inscriptions de la dette consolidée ; et au lieu de rester inactif et improductif, ainsi qu'il en est des écus de cinq francs enfouis dans le caveau de la trésorerie, à la Basse-Terre, la contre-valeur métallique de la monnaie fiduciaire, circulant à la Guadeloupe, et formant l'encaisse de la Banque, contriburait à alléger les charges coloniales, ou plutôt, et mieux encore, le loyer qu'elle rapporterait concourrait à la richesse publique, en s'ajoutant aux ressources du *crédit* pour rétablir la culture et développer la production (1).

---

qu'à 5 0/0 dans certains moments. Celle du billon est maintenant de 8 à 10 0/0. L'impôt que prélève *l'agio* est peut-être de 200,000 francs, et il augmentera avec l'extension du salaire qui doit résulter du mouvement de l'immigration.

(1) L'encaisse de la Banque serait de 2 millions au moins, et la circulation, pour satisfaire à tous les besoins en vue de l'extension dont la production est susceptible, et décourager tout agio, réclamerait 3 millions. Ces cinq millions pourraient donner à la colonie un revenu annuel de 200,000 francs.

Ce système de faire à la colonie une ressource de la contre-valeur métallique de sa monnaie fiduciaire, fut présenté par M. Evremont Saint-Alary, dans une lettre qu'il adressa au gouverneur de la Guadeloupe, à la date du 31 août 1849. Si le système de M. Saint-Alary eût été accueilli et appliqué dès cette époque, la colonie en aurait déjà recueilli des centaines de mille francs.

XV

Des motifs inaperçus empêcheraient-ils d'étendre le cours légal jusqu'au cours forcé? Des raisons de prudence, dont l'appréciation appartient au gouvernement, défendraient-elles d'augmenter la monnaie fiduciaire, jusqu'à en former l'encaisse nécessaire au remboursement des *billets de circulation?* La Banque serait-elle donc devenue impossible?... Mais la liquider, pour en remettre *le fonds* aux actionnaires, ne serait-ce pas envoyer les trois millions qui le constituent, où ont été les *trente-sept* millions de l'indemnité, répartis entre les ayants droit? Si *le crédit* qui se rattache *au capital* de la Banque pour en doubler, en tripler l'importance, en faisait le danger, n'y aurait-il donc qu'à supprimer *le papier*, signe de ce crédit, à en séparer le *capital* représenté en *numéraire*, pour le conserver à sa mission d'utilité générale? Ne s'agirait-il que d'un changement d'enseigne, et, devenue *Caisse d'escompte*, pour ne plus opérer qu'avec ses seules valeurs métalliques, la Banque en aurait-elle conquis la garantie d'une durée bien certaine?

XVI

Ainsi, les trois millions de capital *en numéraire*, réalisés par la liquidation, après le retrait *du papier*, seraient mis en circulation. L'escompte des billets ou le prêt sur récolte ne se ferait qu'en vue d'effets sérieux, d'affaires régulières. Ce point concédé, chacun peut se dire ce que deviendraient les trois millions de numéraire jetés dans le mouvement commercial, directement par l'*escompte*, indirectement par *le prêt*. Le taux de l'intérêt porté à 10, élevé à 12, même à 15 0/0, n'en arrêterait ni le placement ni l'emploi, en présence de la prime de 15 0/0 que vaut la traite, portant à 17 0/0, l'échéance comprise, le sacrifice qu'impose l'obligation *des remises* qui, même à ces dures conditions, ne peut être remplie. Il est hors de doute que ces trois millions de numéraire, à peine livrés, seraient exportés; et, dès les premières échéances, *la Caisse d'escompte* n'aurait à recevoir, en place de son numéraire disparu, que des balances de comptes, des créances, des hypothèques, tout au plus des marchandises ou de la denrée.

XVII

Les embarras du commerce et ceux dont l'agriculture est prochainement menacée, tiennent à des causes trop profondes pour être effacés par un simple *virement* de caisse : *le retrait du papier*. Les trois millions de valeurs métalliques que représente le capital de la Banque, immédiatement emportés par la furie des remises, la gêne en serait à peine momentanément atténuée. La colonie, sans argent et sans papier, subirait une crise tout à la fois monétaire et commerciale. La pénurie du numéraire — obligé de répondre seul aux nécessités intérieures et aux exigences extérieures — en éleverait le loyer au chiffre exorbitant des époques les plus néfastes (1), sans que *la prime*, un moment ralentie peut-être, mais bientôt reparue, ne continuât à réagir sur les prix. La réaction en est du moins générale : elle renchérit également la consommation et la production, elle augmente, dans une égale proportion, la recette et la dépense du pays. *L'intérêt* réagit sur le prix, ainsi que *la prime*; mais la réaction en est en sens inverse sur la consommation et la production : elle renchérit la marchandise importée et déprécie la denrée exportable. Le taux élevé de l'escompte ne profite qu'au capitaliste. Il nuit, et dans une égale mesure, au consommateur et au producteur : il augmente la dépense et réduit la recette (2).

L'institution de la Banque a fait tomber le taux de l'escompte : elle n'a pas éloigné les monnaies métalliques, n'en a pas privé le pays et ne saurait encourir la responsabilité de la pénurie d'argent dont il se préoccupe. Si le numéraire manque à la Guadeloupe, la raison en est dans l'immobilité du capital intérieur et dans l'absence de tout capital extérieur.

L'IMMIGRATION. — LES USINES.

I

La production coloniale, constamment entravée dans ses tentatives de perfectionnements par l'intérêt métropolitain (3), appauvrie par vingt années d'une législation partiale et d'un impôt excessif, fut tout à coup

---

(1) 2 1/2 *par mois* en 1839, quand les gouverneurs de la Martinique et de la Guadeloupe prirent sous leur responsabilité de briser le pacte colonial par arrêté.

(2) Le spéculateur qui obtient 15 0/0 de sa traite peut payer, sans perte, 15 0/0 de plus-value sur la denrée qui en forme la *provision*.

Le même spéculateur, s'il subit un escompte de 15 0/0, est forcé de réduire de 15 0/0 le prix d'achat de la denrée pour faire le *pair*.

(3) Celui de la raffinerie et de la navigation au long cours.

arrêtée : une révolution soudaine lui retira l'élément du travail. Le tiers du capital agricole de la Guadeloupe, *cent millions*, lui fut enlevé en un jour (1). C'en était la partie active : le sol et le matériel se trouvèrent instantanément privés des bras qui les fécondaient et les vivifiaient.

Le capital mobile, qui doit toujours se placer à côté du capital immobilisé et seul l'oblige à produire, s'était presqu'épuisé dans le malaise des années antérieures ; *le crédit* qui y supplée, hésitait déjà à se livrer à un avenir chargé d'incertitude et que rembrunissaient encore les mécomptes du passé : l'insuffisance du *fond de roulement* laissait tout en souffrance ; le matériel se détériorait, la production se ralentissait, les perfectionnements s'ajournaient par l'impuissance d'en faire les frais.

Telle était la Guadeloupe, quand lui arriva le sinistre de 1848 et que la catastrophe de février vint la doter de l'anarchie pour indemnité. Dire ce qu'il fallut alors déployer d'intelligence et dépenser d'énergie pour se maintenir et se réserver la possibilité de sortir du chaos, serait inutile : personne ne l'ignore.

II

Enfin la lumière se fit en 1852. Une faible indemnité, tardivement concédée, en avait été le signe précurseur, la lueur qui permit d'avancer au déclin des ténèbres révolutionnaires. Le peu qui en fut immédiatement payé, *en numéraire*, ranima la production au moment même où elle semblait s'éteindre (2).

L'élan imprimé, l'essor se continua : les récoltes purent se relever de 25 à 60 mille barriques de sucre (3). Mais, à bout de ressources, le mouvement redevenu progressif menace encore de s'arrêter : *le capital* manque..... Il le faudrait trouver tel que l'auraient pu donner les 40 millions de l'indemnité, répartis dans l'imprévoyance des difficultés qui en réclamaient la réserve. Il ne s'agit plus d'un simple fonds de roulement *d'avances* à courte échéance ; c'est un nouveau capital qu'il faut nécessairement ajouter à celui déjà immobilisé dans l'industrie agricole, pour lui

---

(1) Il ressortait d'enquêtes antérieures que les quatre-vingt-dix mille esclaves affranchis en 1848 représentaient une valeur de 108 millions.

Les six cents sucreries de la Guadeloupe, les caféyères et les propriétés de petite culture s'évaluaient, les esclaves compris, à environ 300 millions.

(2) La partie de l'indemnité payée en numéraire, les deux millions en écus venus de France, furent répartis en 1849 et 1850. La récolte de cette dernière année n'avait été que de 12,897,265 kilogr.

(3) 60,000 barriques sont le chiffre présumé de la récolte prochaine.

restituer le travail humain qui lui échappe, et lui permettre l'amélioration du travail manufacturier, dont la concurrence lui fait une condition irrécusable : des bras nouveaux et des outils perfectionnés , *l'immigration et les usines.*

III

Dans le mouvement général de la production, alors que le monopole ne couvre plus de son privilége l'infériorité industrielle, le perfectionnement d'un produit en impose l'obligation au produit similaire. L'intervalle des prix entre les sucres de qualité ou inférieure ou médiocre, et les sucres de qualité supérieure, s'élargit avec l'extension de la production de ceux-ci. La Guadeloupe en a la preuve sur place. L'écart entre les sucres de la production la plus abondante, dits *sucres d'habitant*, et ceux d'une fabrication encore restreinte, dits *sucres d'usine*, fut d'abord de 4, de 6, puis de 8 francs : il est maintenant de 10 francs les 50 kilogrammes. Cet écart des prix apparaît avec plus d'importance encore sur le marché métropolitain. Les sucres *d'usine* gagnent souvent de 12 et 15 francs au-dessus du type régulateur bonne 4ᵉ (1), quand les sucres *d'habitant* sont de 2 à 4 francs au-dessous, ce qui constitue une différence énorme de ceux-ci à ceux-là. Les sucres *d'usine*, mieux fabriqués, subissent peu d'altération; les sucres *d'habitant*, moins bien travaillés, éprouvent, au contraire, une détérioration qui en abaisse la valeur avec la qualité. Il est clair que le sucre indigène, tout aussi parfait, consommé sur place, livré sans altération ni déchet, a, sur le sucre *d'habitant*, un avantage au moins égal à celui qu'obtient le sucre d'usine.

L'écart des prix résulte, d'abord, de la faveur toujours réservée aux produits de qualité supérieure encore rares et recherchés. Il tient, ensuite, à la défaveur des produits de qualité inférieure et s'étend avec la dépréciation qu'ils subissent, quand l'abondance des premiers en vulgarise l'usage et dispense la consommation de s'adresser aux seconds. La distance actuelle de 10 francs sur le marché colonial, de 15 à 18 francs sur le marché métropolitain, n'en serait pas le dernier terme, et la fabrication, restée à ses anciens errements aux Antilles françaises, distancée par celle de la métropole et des étrangers, ne pourrait plus en soutenir la concurrence.

Ces considérations tendent à démontrer combien se lient les deux questions de *l'immigration* et des *usines*, celle-là d'abord, puis celles-ci. De même que la culture précède la fabrication, il faut produire des cannes,

---

(1) Cette plus-value serait toujours acquise si le fabricant n'était, sinon arrêté, du moins gêné par la législation des types.

et beaucoup en récolter, sans quoi l'établissement des usines est inutile ;
mais il faut des moyens de fabrication qui donnent aux cannes le rendement et toute la valeur que l'expérience constate, sans quoi l'immigration
ne serait qu'onéreuse.

IV

Quelques chiffres deviennent nécessaires. Ils sembleront si désolants
que l'hésitation doit se comprendre. Comment cependant se prémunir
contre le danger s'il reste inaperçu ? Il le faut donc montrer à découvert,
au risque d'être accusé de pessimisme.

La dépense de l'immigration, de son début à son entier développement,
ne saurait être considérée comme de *simples avances* : le remboursement
ne peut s'en admettre sur des produits qui ne concourront à former *le
revenu* qu'après plusieurs années d'attente.

L'immigration une fois constituée, le courant d'immigration pour la
maintenir dans la mesure que comporte le travail, sera compris alors
dans le *fonds de roulement* de l'agriculture. C'est donc un *capital spécial* qu'il s'agit d'adjoindre au capital déjà *immobilisé*, et ce nouveau
capital ne doit être compté, dès à présent, que pour l'intérêt et l'amortissement qu'il y faudrait consacrer.

30,000 immigrants avec 10,000 créoles, ou 40,000 des premiers, s'il
n'y avait plus à compter sur les seconds, élèveraient les récoltes, en sucre
dit *d'habitant,* à 100,000 barriques (1), et le revenu BRUT en serait de
20 millions de francs, au prix de 20 francs net (2), si la dépréciation rapide qu'il est à craindre, ne devait en abaisser le cours, que ce cours de
20 francs *net* soit néanmoins admis : plus bas, la production ne pourrait
s'en relever.

Le capital *engagé* pour l'immigration, 15 ou 20 millions, selon qu'il
s'agit de 30 ou de 40 mille immigrants, l'intérêt et l'amortissement s'en
calculeraient à 10 0/0 (3).

Le salaire des immigrants peut s'établir à 400 francs et celui des créoles à 200 francs, par année de 300 jours obligatoires pour les uns, et
250 pour les autres (4).

---

(1) Du temps de l'esclavage, 36 mille ouvriers adultes répondaient à une production de 65 mille barriques de sucre en moyenne annuelle.

(2) Soit le cours actuel de 24 fr., réduit à 20 fr. environ, par le droit de sortie, le transport, les frais de vente, la commission, etc.

(3) Intérêts, 5, amortissement, 5 0/0, ou intérêt 6, et amortissement seulement
4 0/0.

(4) L'immigrant doit 26 jours de travail par mois ; ce qu'il coûte, évalué ci-
dessus à 400 fr., comprend le salaire, la nourriture, le vêtement, le logement,

Ces données convenues, le bilan *du travail* (1) s'établit ainsi qu'il suit :

ACTIF

100,000 barriques de sucre *d'habitant,* à 20 francs le quintal, net des frais de vente et de transport, du droit de sortie, etc.   .   .   20,000,000

PASSIF

Intérêt et amortissement du capital de l'immigration, selon qu'il s'agit de 30 ou de 40 mille immigrants........   1,500,000   ou   2,000.000

Salaire à 400 francs (2) pour 30 ou 40 mille immigrants.   12,000,000   ou   16,000,000

Salaire de 1,000 ouvriers créoles à 200 . francs dans le cas de 30,000 immigrants.   200,000   »

15,500,000	18,000,000

Le solde pour couvrir les dépenses de culture, celles de fabrication et la rente du capital, serait de 2 ou de 4 millions 1/2, selon que la production serait donnée par des ouvriers étrangers seuls ou concurremment avec des ouvriers créoles.

Du bilan du *travail* se dégage une toute autre balance, si au sucre *d'habitant* se substitue le sucre *d'usine.*

En si grave occurrence, les évaluations se doivent garder, avec un soin extrême, de toute apparence trop favorable. Elles doivent plutôt s'arrêter en deçà que de s'exposer à être au delà de la réalité.

Le *rendement,* s'appliquant *aux sucreries,* se calcule d'ordinaire à 5; tandis que celui *des usines* est porté à 10 p. 0/0 du poids des cannes. La différence doit se restreindre pour éviter tout mécompte : le *rendement*

---

les soins médicaux, ceux d'hôpital, etc. L'ouvrier créole n'est astreint qu'à 5 journées de travail par semaine; il jouit d'un terrain et d'une journée en sus de son salaire ; les soins médicaux lui sont partout donnés.

(1) Le bilan du *travail,* non celui de la *production.* Ce n'est que le *salaire* dont le compte est établi. Restent en dehors et à couvrir la rente du capital et les frais d'exploitation.

(2) Des habitants, ayant déjà la pratique de l'immigration, évaluent à 500 fr. ce que coûte l'immigrant, à cause des chômages longs et fréquents de l'acclimatement. Ce chiffre de 500 fr. serait le montant des 2 barriques 1/2 auxquelles répondent les 100,000 barriques des 40,000 immigrants, qui dès lors, produisant juste ce qu'il faudrait les payer, ne laisseraient rien à appliquer aux dépenses de production, autres que le salaire, et rien pour la rente du capital.

moyen des *sucreries* sera élevé à **6**, et celui des *usines* abaissé à **9** p. 0/0 (1).

Sur ces données, et s'arrêtant, quant au prix, à l'écart actuel de **10** francs le quintal, sur place, sans égard à ce qu'il est au loin, sans tenir compte de la probabilité de son élargissement rapide, les **100,000** barriques de sucre d'*habitant* se trouvant portées à **150,000** barriques de sucre d'*usine*, et la plus-value de **10** francs, par **50** kilogr. (2), élevant à **45** millions le revenu *brut*, laissseraient, au lieu de **2** ou **4 1/2**, **27** ou **29** millions **1/2**, pour couvrir les frais d'exploitation et servir la rente du capital.

De tels chiffres dispensent de tout commentaire.

V

La concurrence métropolitaine et celle des colonies étrangères imposent aux colonies françaises — maintenant qu'elles n'en sont plus sauvegardées par la protection des tarifs — l'obligation de perfectionnement, sous peine de ruine infaillible et prochaine. Les expériences ont été trop nombreuses depuis 40 ans, les déceptions trop fréquentes, pour demander encore l'amélioration des produits à une *découverte*, que le hasard peut donner, mais que la prudence ne permet pas d'attendre.

Le progrès coûte cher : une fabrication restreinte n'y peut prétendre parce qu'elle ne le peut payer. Notre agriculture trop fractionnée réclame une industrie centralisée. L'immigration donnera des bras à la culture. La centralisation de l'industrie sucrière peut seule donner des revenus au pays. L'immigration et la centralisation, séparées l'une de l'autre, n'offrent que péril ou impuissance.

VI

Mais la possibilité de suffire aux dépenses de l'immigration et de la centralisation, d'avoir tout à la fois des bras, des fermes et des usines?

Qu'il soit reconnu que l'*immigration* et *la centralisation*, d'un besoin général, sont d'*intérêt public*, et qu'il soit admis, en principe, que la colonie doit les encourager de ses moyens, les couvrir de son *crédit*.

---

(1) Le rendement de 5 est contesté. Les moulins à cylindres horizontaux doivent donner plus de 5 0/0 dans une moyenne de dix années.

Le rendement moyen de l'usine Marly a été de **9,188** 0/0 du poids des cannes, dans la période quinquennale de 1854 à 1859.

(2) C'est-à-dire 34 fr. au lieu de 24 fr., prix brut, répondant à 30 au lieu de 20 fr., prix net, les 50 kilogrammes.

Elle peut consacrer à l'immigration :

L'intérêt de la contre-valeur métallique de sa monnaie fiduciaire, placée, soit à la Caisse des dépôts et consignations ou en rentes sur l'État ;

La subvention annuelle que le gouvernement métropolitain concède au recrutement des ateliers ;

Les 10 centimes de l'impôt spécial qu'il faudrait rétablir, élever peut-être à 15, porter même à 20 centimes *par franc*, du principal des recettes du Trésor ;

Le droit de sortie des sucres et des cafés, sur les quantités provenant du travail des immigrants, c'est-à-dire sur celles qui seraient en excédant de 30,000,000 de kilogrammes de sucre et de 500,000 kilogrammes de café (1) ;

Enfin, le prix payé par les preneurs, mais échelonné à longs termes.

La colonie, à l'aide des ressources qui viennent d'être indiquées, pourrait traiter de l'immigration jusqu'à concurrence de 20 ou de 40 mille immigrants, et se réservant le droit d'enregistrement et la retenue proportionnelle au salaire pour répondre à l'obligation du rapatriement, n'aurait en réalité à sa charge que les non-valeurs.

Dans l'hypothèse que ces ressources fussent insuffisantes et laissassent un solde s'accumulant chaque année, la colonie, offrant en garantie la continuation des mêmes perceptions affectées exclusivement à l'immigration, servirait l'intérêt et l'amortissement jusqu'à extinction du capital, en garderait la responsabilité vis-à-vis de la compagnie ou des armateurs avec lesquels le traité, fondé en partie sur *le crédit*, aurait été conclu.

VII

L'augmentation considérable de revenu que promet *la centralisation*, en couvrirait bientôt la dépense, si tout était bénéfice. Il n'en est pas ainsi : la fabrication *des usines* est plus dispendieuse, bien que la main-d'œuvre y soit relativement moins nombreuse que celle *des sucreries* (2).

---

(1) Si la récolte prochaine atteint 60,000 barriques de sucre et 500,000 kilogrammes de café, il est certain que le travail des immigrants y aura déjà beaucoup contribué. Tout ce qui sera en excédant lui sera dû.

Les récoltes de 1830 à 1847, en moyenne, n'allaient pas de beaucoup au delà de ces chiffres, et la colonie, sans l'impôt personnel, seulement au moyen d'un droit de sortie de 20 0/0 moindre que celui maintenant perçu, acquittait ses dépenses et se faisait une caisse de réserve.

(2) La main-d'œuvre des *usines* est de 5 à 6 ouvriers par barrique, celle des sucreries de 9 à 10.

Néanmoins, le remboursement *des avances* de premier établissement ne serait pas d'une longue attente, et le *perfectionnement* de la fabrication, dans ses résultats incontestables, ne serait pas seulement profitable au développement de la richesse coloniale (1) . les bailleurs de fonds y trouveraient des avantages certains.

L'immigration et *la centralisation*, dans une proportion et sur des bases convenables, élèveront la production dans le rapport de **2** à **5** (2), le revenu *brut*, dans celui de **4 1/2** à **29 1/2** (3), et, dans ces conditions, des centres de **1,000** à **4,000** barriques, partout possibles à la Guadeloupe comme à la Grande-Terre, peuvent s'obtenir de la réunion de **4** à **10** habitations, et donner des résultats aussi profitables au perfectionnement de la fabrication qu'au développement de la production.

La colonie offrant sa garantie, étayée, s'il est possible, de celle de l'É at, devrait fonder la *centralisation* sur la base de l'association, de telle sorte qu'au moyen de la retenue — à titre d'amortissement — d'une partie (4) des bénéfices dévolus à la production, le producteur pût, dans un temps donné, se trouver propriétaire incommutable de l'établissement central (5).

L'immobilité du capital intérieur, *l'absence* de tout capital extérieur, condamnent la production à l'impuissance. Il lui faut, pour sortir de son engourdissement et de sa torpeur, s'adresser *au crédit*. L'extrême prudence, la réserve excessive des capitaux libres de la métropole, donnent la certitude que *le crédit*, s'il leur était demandé, serait ou refusé ou

---

(1) Les *usines* emploient des matières qui ne sont pas en usage dans les *sucreries*; mais ces matières — houille, noir animal, acides, huiles, graisses, métaux, cuirs, etc. — profiteraient au mouvement commercial. Le développement de la production et la plus-value des produits donneraient plus d'activité et de vie à toutes les industries accessoires, en même temps qu'ils augmenteraient la richesse publique.

(2) 150,000 barriques au lieu de 60,000, limite actuelle des récoltes.

(3) Le revenu *brut* — salaire acquitté — était de 2 ou 4 millions 1/2 avec l'immigration seule, et de 27 ou 29 millions 1/2 avec la *centralisation* unie à l'immigration.

(4) *Une part* seulement, non *toute la part* des bénéfices afférents au producteur, consacrée à *l'amortissement* du capital engagé. Les 5 ou 5 1/2 0/0, en sucre bonne 4e, alloués à la propriété agricole, ne sauraient lui suffire avec les lourdes charges de l'immigration.

(5) La publication par M. Reiset, dans les numéros de *l'Avenir* des 5 et 8 octobre dernier, de son projet d'établissement d'usines centrales à la Guadeloupe, dispense de tout développement. Les bases en sont indiquées de manière à répondre aux nécessités actuelles de la fabrication et donner pleine satisfaction à tous les intérêts.

mesuré avec parcimonie. C'est de l'État qu'il faut l'attendre, ou directement, par un emprunt *colonial* contracté avec cautionnement du Trésor, ou indirectement, sous forme de la garantie d'un minimum d'intérêt concédée à une compagnie, et, dans l'un et l'autre cas, d'un remboursement à longues annuités.

Ce *crédit*, ouvertement réclamé pour soutenir la concurrence d'une production similaire, ne se peut aller heurter à ce principe de la liberté d'industrie qui défend toute intervention de l'État entre concurrents nationaux. L'admettre contre les colonies de la France, serait oublier que, toujours hors la loi commune, encore régies par le monopole, elles sont tenues dans l'impossibilité de s'adresser aux capitaux ou plus abondants ou moins timides de l'étranger, à défaut du concours de leur métropole qu'elles auraient vainement imploré.

Paris. — Imprimerie de DUBUISSON et Ce, rue Coq-Héron, 5.